사고력 수학 소마가 개발한 연산학습의 새 기준!!
소마의 **마술같은 원리셈**

소마셈

B5
2학년

수학이 즐거워지는 특별한 수학교실
소마에서 개발한 연산교재 소마셈 **소마셈**

2002년 대치소마 개원 이후로 끊임없는 교재 연구와 교구의 개발은 소마의 자랑이자 자부심입니다. 교구, 게임, 토론 등의 다양한 활동식 수업으로 스스로 문제해결능력을 키우고, 아이들이 수학에 대한 흥미와 자신감을 가질 수 있도록 차별성 있는 수업을 해 온 소마에서 연산 학습의 새로운 패러다임을 제시합니다.

연산 교육의 현실

연산 교육의 가장 큰 폐해는 '초등 고학년 때 연산이 빠르지 않으면 고생한다.'는 기존 연산 학습지의 왜곡된 마케팅으로 인해 단순 반복을 통한 기계적 연산을 강조하는 것입니다. 하지만, 기계적 반복을 위주로 하는 연산은 개념과 원리가 빠진 연산 학습으로써 아이들이 수학을 싫어하게 만들 뿐 아니라 사고의 확장을 막는 학습방법입니다.

초등수학 교과과정과 연산

초등교육과정에서는 문자와 기호를 사용하지 않고 말로 풀어서 연산의 개념과 원리를 설명하다가 중등교육과정부터 문자와 기호를 사용합니다. 교과서를 살펴보면 모든 연산의 도입에 원리가 잘 설명되어 있습니다. 요즘 현실에서는 연산의 원리를 묻는 서술형 문제도 많이 출제되고 있는데 연산은 연습이 우선이라는 인식이 아직도 지배적입니다.

연산 학습은 어떻게?

연산 교육은 별도로 떼어내어 추상적인 숫자나 기호만 가지고 다뤄서는 절대로 안됩니다. 구체물을 가지고 생각하고 이해한 후, 연산 연습을 하는 것이 필요합니다. 또한, 속도보다 정확성을 위주로 학습하여 실수를 극복할 수 있는 좋은 습관을 갖추는 데에 초점을 맞춰야 합니다.

 소마셈 연산학습 방법

 10이 넘는 한 자리 덧셈　　**구체물을 통한 개념의 이해**

덧셈과 뺄셈의 기본은 수를 세는 데에 있습니다. 8+4는 8에서 1씩 4번을 더 센 것이라는 개념이 중요합니다. 10의 보수를 이용한 받아 올림을 생각하면 8+4는 (8+2)+2지만 연산 공부를 시작할 때에는 덧셈의 기본 개념에 충실한 것이 좋습니다. 이 책은 구체물을 통해 개념을 이해할 수 있도록 구체적인 예를 든 연산 문제로 구성하였습니다.

 가로셈　　**가로셈을 통한 수에 대한 사고력 기르기**

세로셈이 잘못된 방법은 아니지만 연산의 원리는 잊고 받아 올림한 숫자는 어디에 적어야 하는지만을 기억하여 마치 공식처럼 풀게 합니다. 기계적으로 반복하는 연습은 생각없이 연산을 하게 만듭니다. 가로셈을 통해 원리를 생각하고 수를 쪼개고 붙이는 등의 과정에서 키워질 수 있는 수에 대한 사고력도 매우 중요합니다.

 곱셈구구　　**곱셈도 개념 이해를 바탕으로**

곱셈구구는 암기에만 초점을 맞추면 부작용이 큽니다. 곱셈은 덧셈을 압축한 것이라는 원리를 이해하며 구구단을 외움으로써 연산을 빨리 할 수 있다는 것을 알게 해야 합니다. 곱셈구구를 외우는 것도 중요하지만 곱셈의 의미를 정확하게 아는 것이 더 중요합니다. 4×3을 할 줄 아는 학생이 두 자리 곱하기 한 자리는 안 배워서 45×3을 못 한다고 말하는 일은 없도록 해야 합니다.

소마셈 학습가이드

K단계 (5, 6, 7세) • 연산을 시작하는 단계

뛰어세기, 거꾸로 뛰어세기를 통해 수의 연속한 성질(linearity)을 이해하고 덧셈, 뺄셈을 공부합니다. 각 권의 호흡은 짧지만 일관성 있는 접근으로 자연스럽게 나선형식 반복학습의 효과가 있도록 하였습니다.

학습대상 : 연산을 시작하는 아이와 한 자리 수 덧셈을 구체물(손가락 등)을 이용하여 해결하는 아이
학습목표 : 수와 연산의 튼튼한 기초 만들기

P단계 (7세, 1학년) • 받아올림이 있는 덧셈, 뺄셈을 배울 준비를 하는 단계

5, 6, 9 뛰어세기를 공부하면서 10을 이용한 더하기, 빼기의 편리함을 알도록 한 후, 가르기와 모으기의 집중학습으로 보수 익히기, 10의 보수를 이용한 덧셈, 뺄셈의 원리를 공부합니다.

학습대상 : 받아올림이 없는 한 자리 수의 덧셈을 할 줄 아는 학생
학습목표 : 받아올림이 있는 연산의 토대 만들기

A단계 (1학년) • 초등학교 1학년 교과과정 연산

받아올림이 있는 한 자리 수의 덧셈, 뺄셈은 연산 전체에 매우 중요한 단계입니다. 원리를 정확하게 알고 A1에서 A4까지 총 4권에서 한 자리 수의 연산을 다양한 과정으로 연습하도록 하였습니다.

학습대상 : 초등학교 1학년 수학교과과정을 공부하는 학생
학습목표 : 10의 보수를 이용한 받아올림이 있는 덧셈, 뺄셈

B단계 (2학년) • 초등학교 2학년 교과과정 연산

두 자리, 세 자리 수의 연산을 다룬 후 곱셈, 나눗셈을 다루는 과정에서 곱셈구구의 암기를 확인하기보다는 곱셈구구를 외우는데 도움이 되고, 곱셈, 나눗셈의 원리를 확장하여 사고할 수 있도록 하는데 초점을 맞추었습니다.

학습대상 : 초등학교 2학년 수학교과과정을 공부하는 학생
학습목표 : 덧셈, 뺄셈의 완성 / 곱셈, 나눗셈의 원리를 정확하게 알고 개념 확장

C단계 (3학년) • 초등학교 3, 4학년 교과과정 연산

B단계까지의 소마셈은 다양한 문제를 통해서 학생들이 즐겁게 연산을 공부하고 원리를 정확하게 알게 하는데 초점을 맞추었다면, C단계는 3학년 과정의 큰 수의 연산과 4학년 과정의 혼합 계산, 괄호를 사용한 식 등, 필수 연산의 연습을 충실히 할 수 있도록 하였습니다.

학습대상 : 초등학교 3, 4학년 수학교과과정을 공부하는 학생
학습목표 : 큰 수의 곱셈과 나눗셈, 혼합 계산

D단계 (4학년) • 초등학교 4, 5학년 교과과정 연산

분모가 같은 분수의 덧셈과 뺄셈, 소수의 덧셈과 뺄셈을 공부하여 초등 4학년 과정 연산을 마무리하고 초등 5학년 연산과정에서 가장 중요한 약수와 배수, 분모가 다른 분수의 덧셈과 뺄셈을 충분히 익힐 수 있도록 하였습니다.

학습대상 : 초등학교 4, 5학년 수학교과과정을 공부하는 학생
학습목표 : 분모가 같은 분수의 덧셈과 뺄셈, 소수의 덧셈과 뺄셈, 분모가 다른 분수의 덧셈과 뺄셈

소마셈 단계별 학습내용

K단계 추천연령 : 5, 6, 7세

단계	K1	K2	K3	K4
권별 주제	10까지의 더하기와 빼기 1	20까지의 더하기와 빼기 1	10까지의 더하기와 빼기 2	20까지의 더하기와 빼기 2
단계	K5	K6	K7	K8
권별 주제	10까지의 더하기와 빼기 3	20까지의 더하기와 빼기 3	20까지의 더하기와 빼기 4	7까지의 가르기와 모으기

P단계 추천연령 : 7세, 1학년

단계	P1	P2	P3	P4
권별 주제	30까지의 더하기와 빼기 5	30까지의 더하기와 빼기 6	30까지의 더하기와 빼기 10	30까지의 더하기와 빼기 9
단계	P5	P6	P7	P8
권별 주제	9까지의 가르기와 모으기	10 가르기와 모으기	10을 이용한 더하기	10을 이용한 빼기

A단계 추천연령 : 1학년

단계	A1	A2	A3	A4
권별 주제	덧셈구구	뺄셈구구	세 수의 덧셈과 뺄셈	□가 있는 덧셈과 뺄셈
단계	A5	A6	A7	A8
권별 주제	(두 자리 수)+(한 자리 수)	(두 자리 수)－(한 자리 수)	두 자리 수의 덧셈과 뺄셈	□가 있는 두 자리 수의 덧셈과 뺄셈

B단계 추천연령 : 2학년

단계	B1	B2	B3	B4
권별 주제	(두 자리 수)+(두 자리 수)	(두 자리 수)－(두 자리 수)	세 자리 수의 덧셈과 뺄셈	덧셈과 뺄셈의 활용
단계	B5	B6	B7	B8
권별 주제	곱셈	곱셈구구	나눗셈	곱셈과 나눗셈의 활용

C단계 추천연령 : 3학년

단계	C1	C2	C3	C4
권별 주제	두 자리 수의 곱셈	두 자리 수의 곱셈과 활용	두 자리 수의 나눗셈	세 자리 수의 나눗셈과 활용
단계	C5	C6	C7	C8
권별 주제	큰 수의 곱셈	큰 수의 나눗셈	혼합 계산	혼합 계산의 활용

D단계 추천연령 : 4학년

단계	D1	D2	D3	D4
권별 주제	분모가 같은 분수의 덧셈과 뺄셈(1)	분모가 같은 분수의 덧셈과 뺄셈(2)	소수의 덧셈과 뺄셈	약수와 배수
단계	D5	D6		
권별 주제	분모가 다른 분수의 덧셈과 뺄셈(1)	분모가 다른 분수의 덧셈과 뺄셈(2)		

① 수 이야기

생활 속의 수 이야기를 통해 수와 연산의 이해를 돕습니다. 수의 역사나 재미있는 연산 문제를 접하면서 수학이 재미있는 공부가 되도록 합니다.

② 원리 & 연습

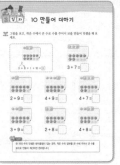
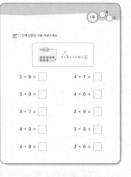

구체물 또는 그림을 통해 연산의 원리를 쉽게 이해하고, 원리의 이해를 바탕으로 연산이 익숙해지도록 연습합니다.

사고력 연산

반복적인 연산에서 나아가 배운 원리를 활용하여 확장된 문제를 해결합니다. 어려운 문제를 싣기보다 다양한 생각을 할 수 있는 내용으로 구성하였습니다.

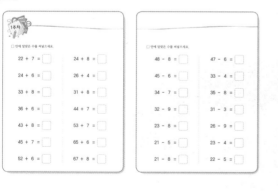

Drill (보충학습)

주차별 주제에 대한 연습이 더 필요한 경우 보충학습을 활용합니다.

TIP 연산과정의 확인이 필수적인 주제는 Drill의 양을 2배로 담았습니다.

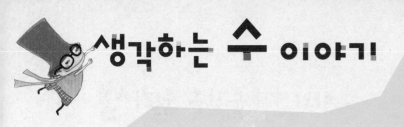

구구단의 유래

구구법 또는 구구단은 1부터 9까지의 두 수를 곱한 9×9 곱셈표를 말해요. 중국에서 처음 만들어 그 후 우리나라에서도 고려시대 무렵부터 이를 따르게 되었지요.

그런데 옛날에는 구구단을 지금과 달리 '9×9=81'부터 시작했다고 해요. 우리가 외우는 구구단은 '2×1=2'부터 시작하는데 말이죠.
왜 하필 어려운 '9×9=81'부터 구구단을 외웠을까요?

옛날 중국이나 우리나라에서는 구구단을 배우는 사람이 어린이가 아닌 어른이었어요. 또 계산이 필요한 사람들도 일반 대중이 아닌 특수 계급이었다고 해요. 그런데 이 구구단이 어찌나 편리한지 일반 사람들에게는 알려지지 않도록 비밀스럽게 다루게 되었다고 해요. 그래서 쉽게 익힐 수 있는 구구단을 어렵게 느끼도록 하려고 거꾸로 외웠고, '구구단'이라고 부르게 되었답니다.

소마셈 B5 – 1주차

곱셈

묶어 세기

 묶어 세기로 전체 개수를 알아보세요.

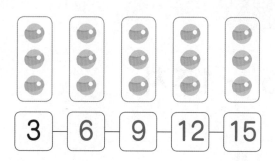

3 — 6 — 9 — 12 — 15

3 개씩 5 묶음 ➡ 15

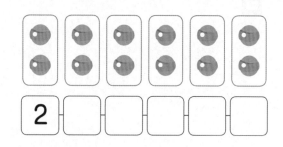

2

개씩 묶음 ➡

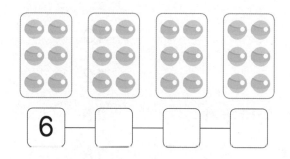

6 —

개씩 묶음 ➡

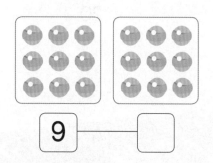

9 —

개씩 묶음 ➡

월
일

🌱 묶어 세기로 전체 개수를 알아보세요.

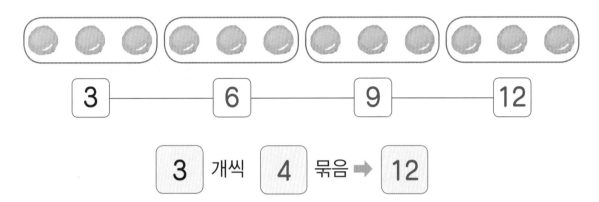

| 3 | 개씩 | 4 | 묶음 ➡ | 12 |

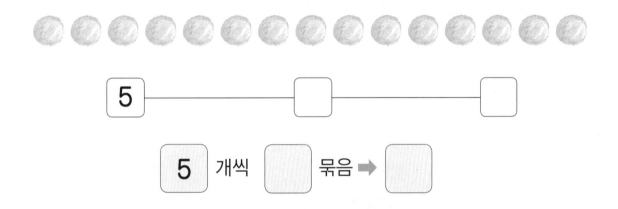

| 5 | 개씩 | | 묶음 ➡ | |

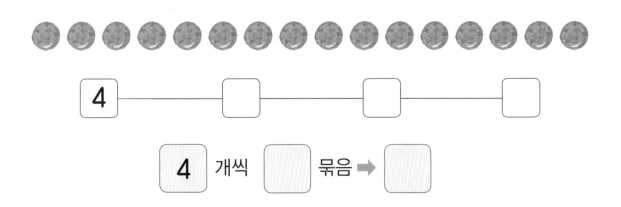

| 4 | 개씩 | | 묶음 ➡ | |

몇 배

 그림을 보고 □ 안에 알맞은 수를 써넣으세요.

3씩 [5] 묶음 ➡ 3의 [5] 배

4씩 [ ] 묶음 ➡ 4의 [ ] 배

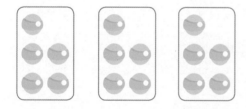

5씩 [ ] 묶음 ➡ 5의 [ ] 배

8씩 [ ] 묶음 ➡ 8의 [ ] 배

🌱 그림을 보고 □ 안에 알맞은 수를 써넣으세요.

2의 [5] 배

⬇

[2] + [2] + [2] + [2] + [2] = [10]

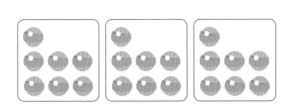

5의 [ ] 배

⬇

[5] + [ ] + [ ] + [ ] = [ ]

7의 [ ] 배

⬇

[7] + [ ] + [ ] = [ ]

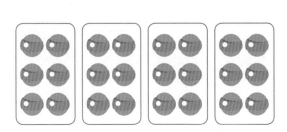

6의 [ ] 배

⬇

[6] + [ ] + [ ] + [ ] = [ ]

 □ 안에 알맞은 수를 써넣으세요.

$3+3+3+3=$ 12 ⟶ 3의 4 배 = 12

$5+5+5+5+5=$ ☐ ⟶ 5의 ☐ 배 = ☐

$2+2+2+2+2+2+2=$ ☐ → 2의 ☐ 배 = ☐

$6+6+6+6+6+6=$ ☐ ⟶ 6의 ☐ 배 = ☐

$9+9+9=$ ☐ ⟶ 9의 ☐ 배 = ☐

$8+8+8+8=$ ☐ ⟶ 8의 ☐ 배 = ☐

곱셈식으로 나타내기

 그림을 보고 □ 안에 알맞은 수를 써넣으세요.

$$4 + 4 + 4 = 12$$

↓

$$4 \times 3 = 12$$

$$6 + \boxed{} + \boxed{} = \boxed{}$$

↓

$$\boxed{} \times \boxed{} = \boxed{}$$

$$8 + \boxed{} = \boxed{}$$

↓

$$\boxed{} \times \boxed{} = \boxed{}$$

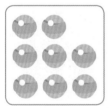 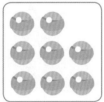

$$3 + \boxed{} + \boxed{} + \boxed{} = \boxed{}$$

↓

$$\boxed{} \times \boxed{} = \boxed{}$$

 □ 안에 알맞은 수를 써넣으세요.

$2 + 2 + 2 = 6$

↓

$2 \times 3 = 6$

$7 + 7 + 7 + 7 = \boxed{}$

↓

$\boxed{} \times \boxed{} = \boxed{}$

$9 + 9 = \boxed{}$

↓

$\boxed{} \times \boxed{} = \boxed{}$

$5 + 5 + 5 + 5 + 5 = \boxed{}$

↓

$\boxed{} \times \boxed{} = \boxed{}$

$8 + 8 + 8 = \boxed{}$

↓

$\boxed{} \times \boxed{} = \boxed{}$

$4 + 4 + 4 + 4 = \boxed{}$

↓

$\boxed{} \times \boxed{} = \boxed{}$

$3 + 3 + 3 + 3 + 3 + 3 + 3 = \boxed{}$

↓

$\boxed{} \times \boxed{} = \boxed{}$

□ 안에 알맞은 수를 써넣으세요.

$$5 + 5 + 5 + 5 = 20$$

$$\downarrow$$

$$5 \times 4 = 20$$

$$\boxed{} + \boxed{} + \boxed{} = \boxed{}$$

$$\downarrow$$

$$9 \times 3 = \boxed{}$$

$$\boxed{} + \boxed{} + \boxed{} + \boxed{} + \boxed{} = \boxed{}$$

$$\downarrow$$

$$6 \times 5 = \boxed{}$$

$$\boxed{} + \boxed{} = \boxed{}$$

$$\downarrow$$

$$7 \times 2 = \boxed{}$$

$$\boxed{} + \boxed{} + \boxed{} + \boxed{} = \boxed{}$$

$$\downarrow$$

$$2 \times 4 = \boxed{}$$

$$\boxed{} + \boxed{} + \boxed{} = \boxed{}$$

$$\downarrow$$

$$4 \times 3 = \boxed{}$$

$$\boxed{} + \boxed{} + \boxed{} + \boxed{} + \boxed{} + \boxed{} + \boxed{} + \boxed{} = \boxed{}$$

$$\downarrow$$

$$5 \times 8 = \boxed{}$$

곱셈식 퍼즐

올바른 계산 결과가 되도록 길을 그려 보세요.

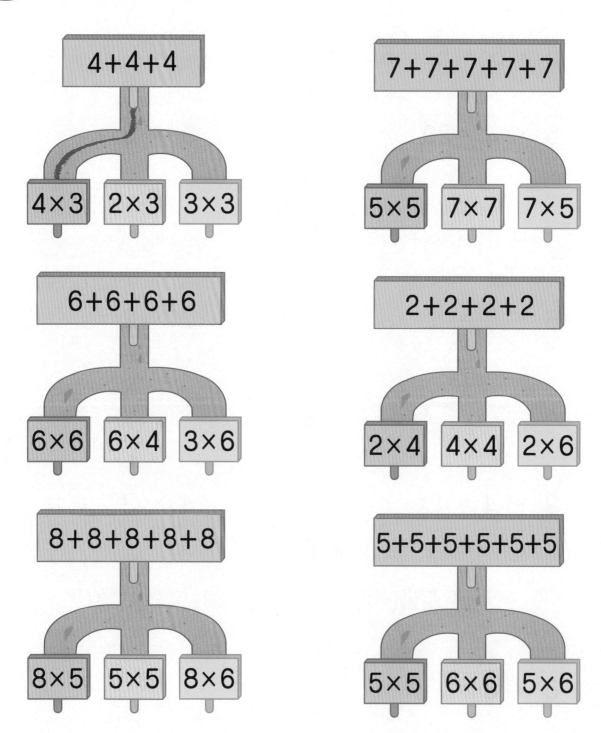

4+4+4	7+7+7+7+7
4×3 2×3 3×3	5×5 7×7 7×5
6+6+6+6	2+2+2+2
6×6 6×4 3×6	2×4 4×4 2×6
8+8+8+8+8	5+5+5+5+5+5
8×5 5×5 8×6	5×5 6×6 5×6

계산 결과가 같은 것끼리 선으로 이어 보세요.

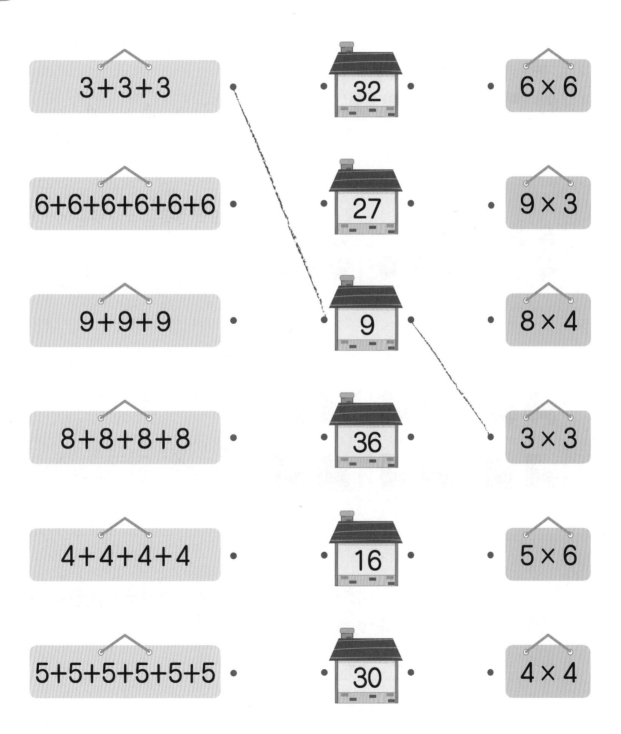

5 일 차 바꾸어 곱하기

 그림을 보고 □ 안에 알맞은 수를 써넣으세요.

3개씩 4묶음 = 4묶음에 3개씩

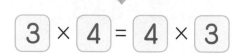

$$\boxed{3} \times \boxed{4} = \boxed{4} \times \boxed{3}$$

5개씩 3묶음 = 3묶음에 5개씩

$$\boxed{} \times \boxed{} = \boxed{} \times \boxed{}$$

2개씩 6묶음 = 6묶음에 2개씩

$$\boxed{} \times \boxed{} = \boxed{} \times \boxed{}$$

7개씩 2묶음 = 2묶음에 7개씩

$$\boxed{} \times \boxed{} = \boxed{} \times \boxed{}$$

그림을 보고 알맞은 곱셈식 2개를 써 보세요.

$\boxed{} \times \boxed{} = \boxed{} \times \boxed{}$

$\boxed{} \times \boxed{} = \boxed{} \times \boxed{}$

$\boxed{} \times \boxed{} = \boxed{} \times \boxed{}$

$\boxed{} \times \boxed{} = \boxed{} \times \boxed{}$

🌱 계산 결과가 같은 것끼리 선으로 이어 보세요.

2+2+2	5×3	6×9
7씩 4묶음	9×6	3×2
5+5+5	2×3	3×5
9씩 6묶음	7×4	9×8
8씩 9묶음	6×4	4×7
6+6+6+6	8×9	4×6

소마셈 B5 - 2주차

2배와 5배

몇 배와 바꾸어 곱하기

 그림을 보고 ☐ 안에 알맞은 수를 써넣으세요.

4의 2배 = 2의 4배

| 4 | × | 2 | = | 8 |

| 2 | × | 4 | = | 8 |

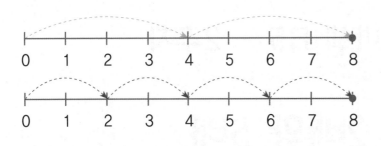

5의 2배 = 2의 5배

☐ × ☐ = ☐

☐ × ☐ = ☐

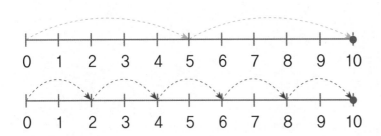

6의 2배 = 2의 6배

☐ × ☐ = ☐

☐ × ☐ = ☐

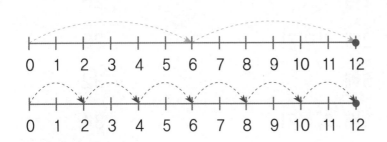

 TIP

2배와 5배는 ☐×2, ☐×5 뿐 아니라 2×☐, 5×☐로도 표현할 수 있습니다. 바꾸어 곱하기를 이해하면 2배와 5배를 익히는데 도움이 됩니다.

그림을 보고 □ 안에 알맞은 수를 써넣으세요.

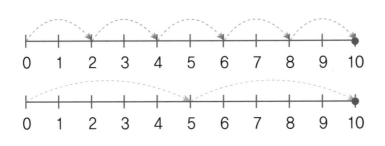

2의 5배 = 5의 2배

$$\boxed{} \times \boxed{} = \boxed{}$$

$$\boxed{} \times \boxed{} = \boxed{}$$

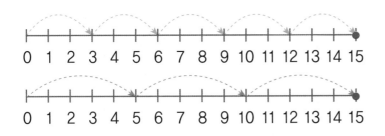

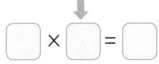

3의 5배 = 5의 3배

$$\boxed{} \times \boxed{} = \boxed{}$$

$$\boxed{} \times \boxed{} = \boxed{}$$

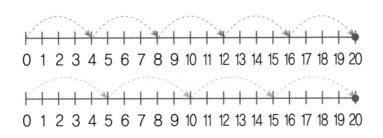

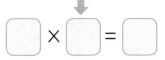

4의 5배 = 5의 4배

$$\boxed{} \times \boxed{} = \boxed{}$$

$$\boxed{} \times \boxed{} = \boxed{}$$

2배

 그림을 보고 수의 2배를 알아보세요.

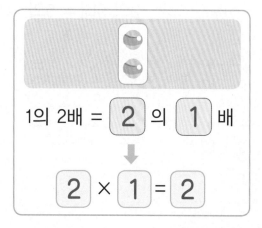

1의 2배 = **2** 의 **1** 배

2 × **1** = **2**

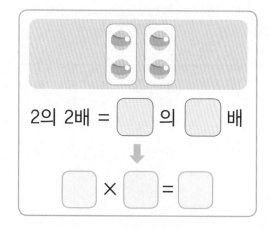

2의 2배 = ☐ 의 ☐ 배

☐ × ☐ = ☐

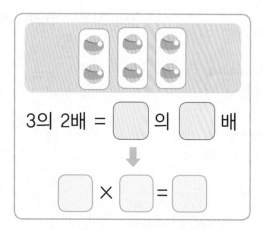

3의 2배 = ☐ 의 ☐ 배

☐ × ☐ = ☐

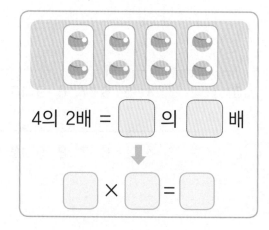

4의 2배 = ☐ 의 ☐ 배

☐ × ☐ = ☐

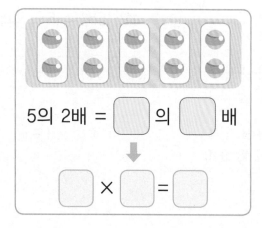

5의 2배 = ☐ 의 ☐ 배

☐ × ☐ = ☐

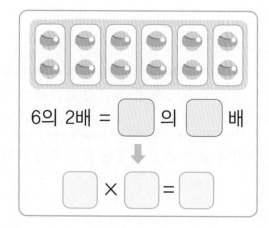

6의 2배 = ☐ 의 ☐ 배

☐ × ☐ = ☐

 그림을 보고 수의 2배를 알아보세요.

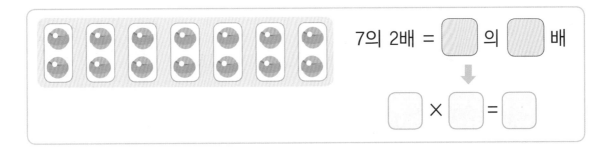

7의 2배 = ☐의 ☐배

☐ × ☐ = ☐

8의 2배 = ☐의 ☐배

☐ × ☐ = ☐

9의 2배 = ☐의 ☐배

☐ × ☐ = ☐

TIP

B5에서는 곱셈구구 2~9단을 차례대로 암기하기에 앞서 2배와 5배를 공부합니다.

곱셈구구의 2단과 5단은 아이들이 가장 쉽게 이해하고 기억하는 곱셈입니다. 2배와 5배를 통해 2단과 5단을 가장 먼저 알게 하여 이를 이용한 곱셈의 활용을 준비합니다.

2배 익히기

 2씩 뛰어 세기를 이용하여 □ 안에 알맞은 수를 써넣으세요.

0 2 4 6 8 10 12 14 16 18

$$2 \times \boxed{1} = \boxed{2}$$

0 2 □ 6 8 10 12 14 16 18

$$2 \times \boxed{} = \boxed{}$$

0 2 4 □ 8 10 12 14 16 18

$$2 \times \boxed{} = \boxed{}$$

0 2 4 6 □ 10 12 14 16 18

$$2 \times \boxed{} = \boxed{}$$

0 2 4 6 8 □ 12 14 16 18

$$2 \times \boxed{} = \boxed{}$$

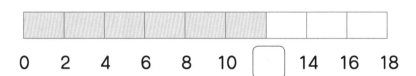 2씩 뛰어 세기를 이용하여 □ 안에 알맞은 수를 써넣으세요.

0 2 4 6 8 10 □ 14 16 18

2 × □ = □

0 2 4 6 8 10 12 □ 16 18

2 × □ = □

0 2 4 6 8 10 12 14 □ 18

2 × □ = □

0 2 4 6 8 10 12 14 16 □

2 × □ = □

🌱 2씩 뛰어 세기 한 수를 빈칸에 쓰고, 곱셈식을 완성해 보세요.

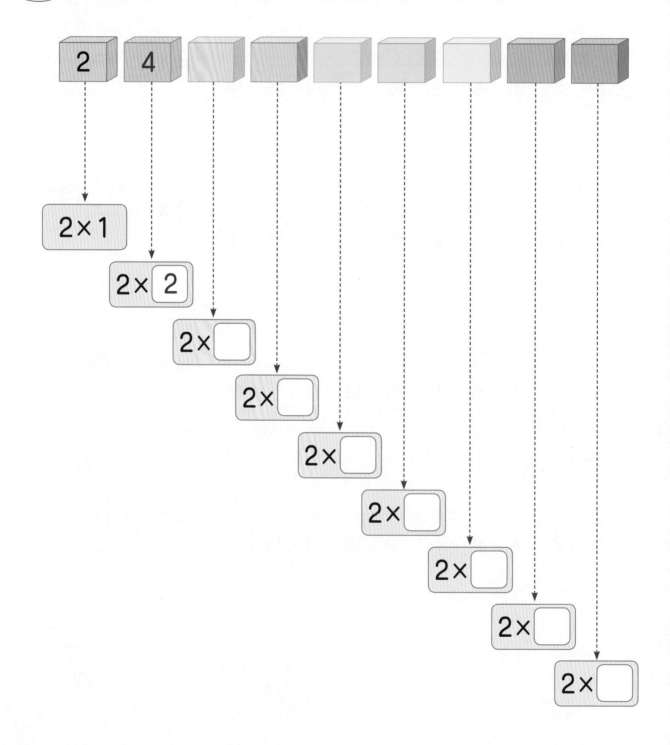

□ 안에 알맞은 수를 써넣으세요.

$4 \times 2 =$ [8]

$2 \times 2 =$ [ ]

$2 \times 6 =$ [ ]

$2 \times 3 =$ [ ]

$5 \times 2 =$ [ ]

$8 \times 2 =$ [ ]

$2 \times 7 =$ [ ]

$2 \times 1 =$ [ ]

$3 \times 2 =$ [ ]

$9 \times 2 =$ [ ]

$2 \times 8 =$ [ ]

$6 \times 2 =$ [ ]

4 일 차   5배

 시계를 이용하여 수의 5배를 알아보세요.

1의 5배 = **5** 의 **1** 배

5 × **1** = **5**

2의 5배 = ◻ 의 ◻ 배

◻ × ◻ = ◻

3의 5배 = ◻ 의 ◻ 배

◻ × ◻ = ◻

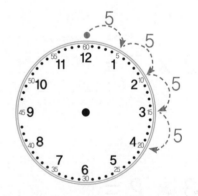

4의 5배 = ◻ 의 ◻ 배

◻ × ◻ = ◻

시계를 이용하여 수의 5배를 알아보세요.

5의 5배 = ☐ 의 ☐ 배

☐ × ☐ = ☐

6의 5배 = ☐ 의 ☐ 배

☐ × ☐ = ☐

7의 5배 = ☐ 의 ☐ 배

☐ × ☐ = ☐

8의 5배 = ☐ 의 ☐ 배

☐ × ☐ = ☐

9의 5배 = ☐ 의 ☐ 배

☐ × ☐ = ☐

5배 익히기

 5씩 뛰어 세기를 이용하여 □ 안에 알맞은 수를 써넣으세요.

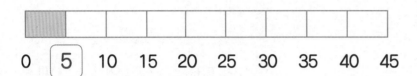

$5 \times \boxed{1} = \boxed{5}$

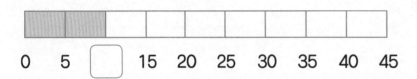

$5 \times \boxed{} = \boxed{}$

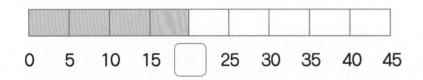

$5 \times \boxed{} = \boxed{}$

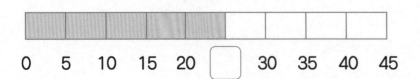

$5 \times \boxed{} = \boxed{}$

$5 \times \boxed{} = \boxed{}$

5씩 뛰어 세기를 이용하여 ☐ 안에 알맞은 수를 써넣으세요.

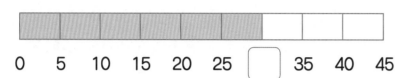

| 0 | 5 | 10 | 15 | 20 | 25 | ☐ | 35 | 40 | 45 |

$5 \times$ ☐ $=$ ☐

| 0 | 5 | 10 | 15 | 20 | 25 | 30 | ☐ | 40 | 45 |

$5 \times$ ☐ $=$ ☐

| 0 | 5 | 10 | 15 | 20 | 25 | 30 | 35 | ☐ | 45 |

$5 \times$ ☐ $=$ ☐

| 0 | 5 | 10 | 15 | 20 | 25 | 30 | 35 | 40 | ☐ |

$5 \times$ ☐ $=$ ☐

🌱 5씩 뛰어 세기 한 수를 빈칸에 쓰고, 곱셈식을 완성해 보세요.

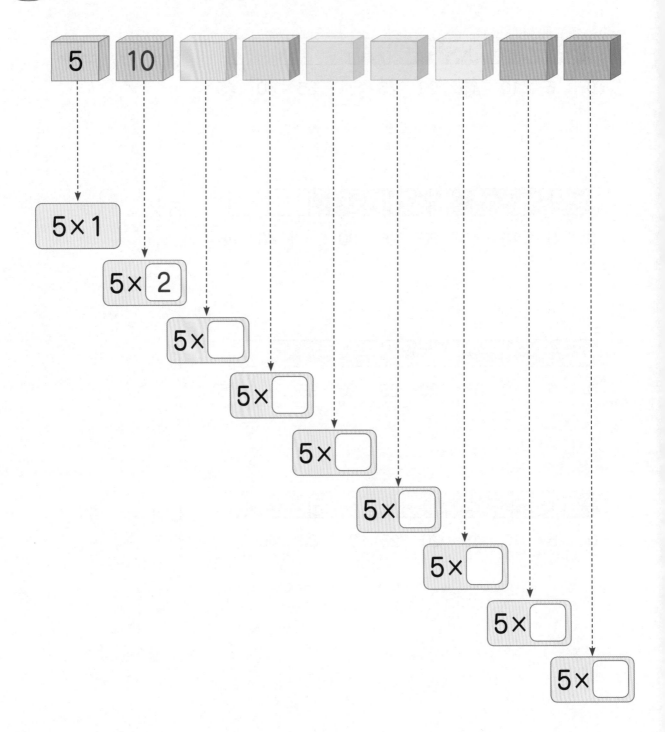

| 5 | 10 | | | | | | | |

5×1

$5 \times \boxed{2}$

$5 \times \boxed{}$

$5 \times \boxed{}$

$5 \times \boxed{}$

$5 \times \boxed{}$

$5 \times \boxed{}$

$5 \times \boxed{}$

$5 \times \boxed{}$

□ 안에 알맞은 수를 써넣으세요.

$5 \times 2 = \boxed{10}$　　　　　$5 \times 5 = \boxed{}$

$3 \times 5 = \boxed{}$　　　　　$6 \times 5 = \boxed{}$

$5 \times 7 = \boxed{}$　　　　　$5 \times 8 = \boxed{}$

$5 \times 4 = \boxed{}$　　　　　$9 \times 5 = \boxed{}$

$1 \times 5 = \boxed{}$　　　　　$5 \times 6 = \boxed{}$

$5 \times 3 = \boxed{}$　　　　　$7 \times 5 = \boxed{}$

소마셈 B5 - 3주차

2배를 이용한 곱셈

2배씩 모으기 (1)

🌱 곱셈식을 덧셈식으로 나타낸 후 2배씩 모으기 하여 □ 안에 알맞은 수를 써넣으세요.

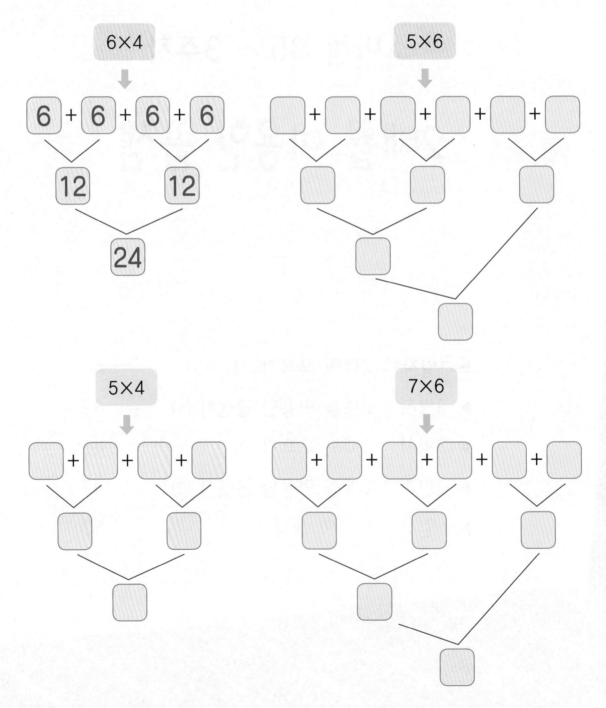

월

일

곱셈식을 덧셈식으로 나타낸 후 2배씩 모으기 하여 □ 안에 알맞은 수를 써넣으세요.

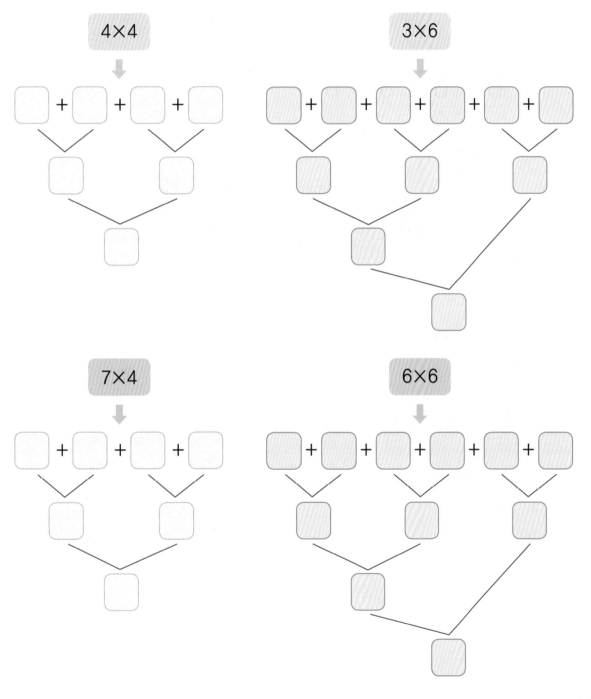

2배를 이용한 곱셈식 (1)

🌱 2배를 이용한 곱셈식이 되도록 □ 안에 알맞은 수를 써넣으세요.

6×4

6 + 6 + 6 + 6

12   12

24

6×4

6 + 6 + 6 + 6

= (6 × 2) + (6 × 2)

= 12 + 12

= 24

9×4

□ + □ + □ + □

= (□ × 2) + (□ × 2)

= □ + □

= □

5×6

□ + □ + □ + □ + □ + □

= (□ × 2) + (□ × 2) + (□ × 2)

= □ + □ + □

= □

2배를 이용한 곱셈식이 되도록 □ 안에 알맞은 수를 써넣으세요.

7×4

□ + □ + □ + □

= (□ × 2) + (□ × 2)

= □ + □

= □

8×6

□ + □ + □ + □ + □ + □

= (□ × 2) + (□ × 2) + (□ × 2)

= □ + □ + □

= □

8×4

□ + □ + □ + □

= (□ × 2) + (□ × 2)

= □ + □

= □

7×6

□ + □ + □ + □ + □ + □

= (□ × 2) + (□ × 2) + (□ × 2)

= □ + □ + □

= □

🌱 □ 안에 알맞은 수를 써넣으세요.

$7×4=(\boxed{7}×2)+(\boxed{7}×2)$ $5×4=(\boxed{}×2)+(\boxed{}×2)$

$=\boxed{14}+\boxed{14}$ $=\boxed{}+\boxed{}$

$=\boxed{28}$ $=\boxed{}$

$3×6=(\boxed{}×2)+(\boxed{}×2)+(\boxed{}×2)$

$=\boxed{}+\boxed{}+\boxed{}$

$=\boxed{}$

$9×6=(\boxed{}×2)+(\boxed{}×2)+(\boxed{}×2)$

$=\boxed{}+\boxed{}+\boxed{}$

$=\boxed{}$

$7×8=(\boxed{}×2)+(\boxed{}×2)+(\boxed{}×2)+(\boxed{}×2)$

$=\boxed{}+\boxed{}+\boxed{}+\boxed{}$

$=\boxed{}$

2배씩 모으기 (2)

🌱 곱셈식을 덧셈식으로 나타낸 후 2배씩 모으기 하여 □ 안에 알맞은 수를 써넣으세요.

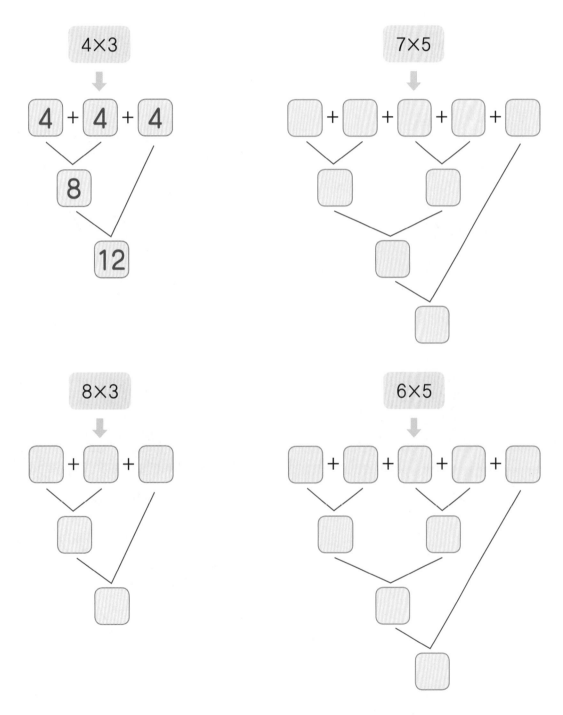

곱셈식을 덧셈식으로 나타낸 후 2배씩 모으기 하여 □ 안에 알맞은 수를 써넣으세요.

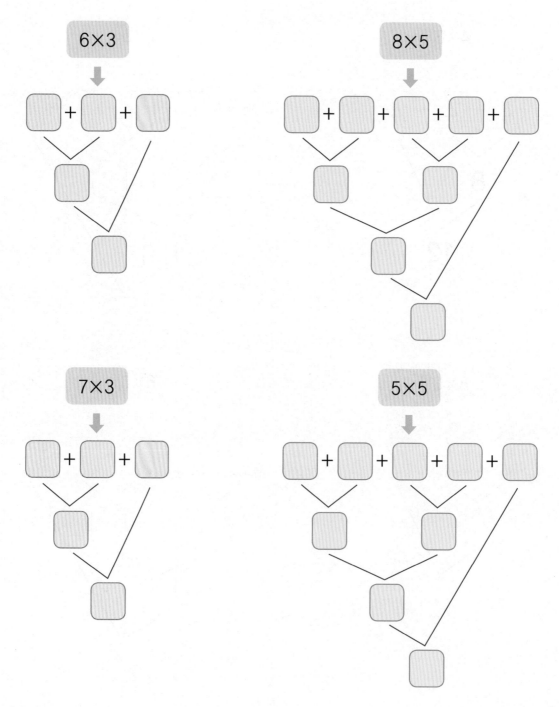

2배를 이용한 곱셈식 (2)

 2배를 이용한 곱셈식이 되도록 □ 안에 알맞은 수를 써넣으세요.

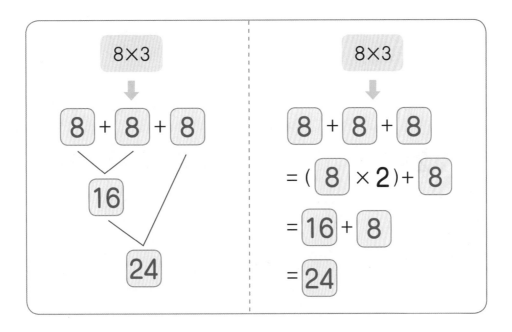

8×3

8 + 8 + 8

16

24

8×3

8 + 8 + 8

= (8 ×2)+ 8

= 16 + 8

= 24

5×3

□ + □ + □

=(□ ×2)+ □

= □ + □

= □

6×7

□ + □ + □ + □ + □ + □ + □

=(□ ×2)+(□ ×2)+(□ ×2)+ □

= □ + □ + □ + □

= □

🌱 2배를 이용한 곱셈식이 되도록 □ 안에 알맞은 수를 써넣으세요.

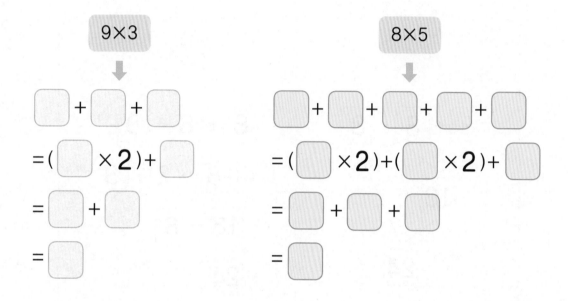

9×3

□ + □ + □

= (□ × 2) + □

= □ + □

= □

8×5

□ + □ + □ + □ + □

= (□ × 2) + (□ × 2) + □

= □ + □ + □

= □

5×9

□ + □ + □ + □ + □ + □ + □ + □ + □

= (□ × 2) + (□ × 2) + (□ × 2) + (□ × 2) + □

= □ + □ + □ + □ + □

= □

🌱 2배를 이용한 곱셈식이 되도록 □ 안에 알맞은 수를 써넣으세요.

$8×3=(\boxed{8}×2)+\boxed{8}$ $7×5=(\boxed{}×2)+(\boxed{}×2)+\boxed{}$

$\quad=\boxed{16}+\boxed{8}$ $\quad=\boxed{}+\boxed{}+\boxed{}$

$\quad=\boxed{24}$ $\quad=\boxed{}$

$4×7=(\boxed{}×2)+(\boxed{}×2)+(\boxed{}×2)+\boxed{}$

$\quad=\boxed{}+\boxed{}+\boxed{}+\boxed{}$

$\quad=\boxed{}$

$7×7=(\boxed{}×2)+(\boxed{}×2)+(\boxed{}×2)+\boxed{}$

$\quad=\boxed{}+\boxed{}+\boxed{}+\boxed{}$

$\quad=\boxed{}$

$7×9=(\boxed{}×2)+(\boxed{}×2)+(\boxed{}×2)+(\boxed{}×2)+\boxed{}$

$\quad=\boxed{}+\boxed{}+\boxed{}+\boxed{}+\boxed{}$

$\quad=\boxed{}$

바꾸어 생각하기

 2배를 이용하여 계산할 수 있는 두 가지의 곱셈방법 중 더 간단한 방법을 알아보세요.

4×7

$= 4 + 4 + 4 + 4 + 4 + 4 + 4$

$= (4 \times 2) + (4 \times 2) + (4 \times 2) + 4$

$= 8 + 8 + 8 + 4$

$= 28$

더 쉬워요!

4×7

$= 7 + 7 + 7 + 7$

$= (7 \times 2) + (7 \times 2)$

$= 14 + 14$

$= 28$

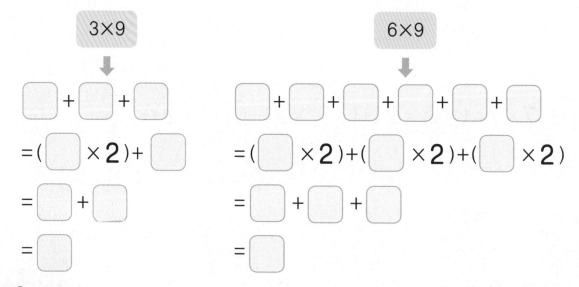

3×9

$\boxed{} + \boxed{} + \boxed{}$

$= (\boxed{} \times 2) + \boxed{}$

$= \boxed{} + \boxed{}$

$= \boxed{}$

6×9

$\boxed{} + \boxed{} + \boxed{} + \boxed{} + \boxed{} + \boxed{}$

$= (\boxed{} \times 2) + (\boxed{} \times 2) + (\boxed{} \times 2)$

$= \boxed{} + \boxed{} + \boxed{}$

$= \boxed{}$

 TIP

4×7은 7×4와 같으므로 위와 같이 두 가지 방법으로 표현할 수 있습니다. 만들 수 있는 두 가지 방법을 모두 생각해 보고, 2배를 이용할 수 있는 더 간단한 방법으로 문제를 해결합니다.

□ 안에 알맞은 수를 써넣으세요.

5×7

□ + □ + □ + □ + □

= (□ ×2) + (□ ×2) + □

= □ + □ + □

= □

3×8

□ + □ + □

= (□ ×2) + □

= □ + □

= □

4×6

□ + □ + □ + □

= (□ ×2) + (□ ×2)

= □ + □

= □

4×8

□ + □ + □ + □

= (□ ×2) + (□ ×2)

= □ + □

= □

소마셈 B5 - 4주차

5배를 이용한 곱셈

5배씩 모으기 (1)

🌱 곱셈식을 덧셈식으로 나타낸 후 5배씩 모으기 하여 □ 안에 알맞은 수를 써넣으세요.

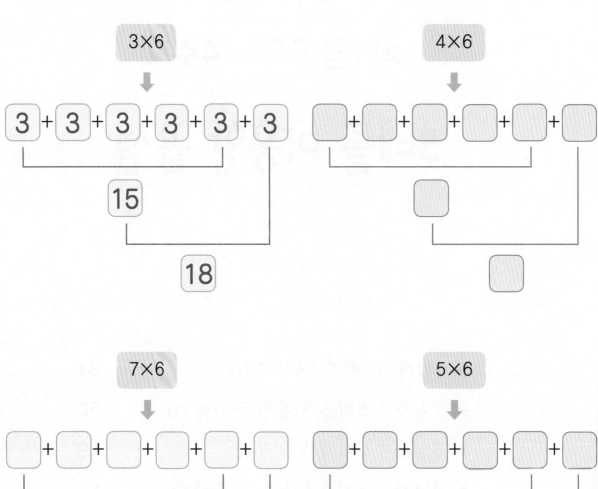

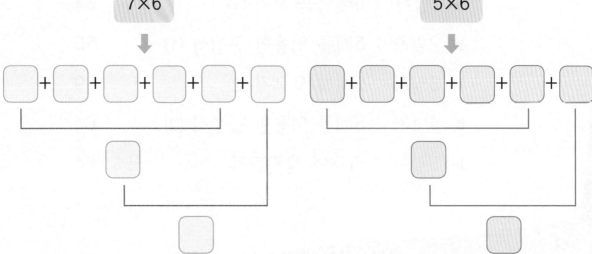

🌱 곱셈식을 덧셈식으로 나타낸 후 5배씩 모으기 하여 □ 안에 알맞은 수를 써넣으세요.

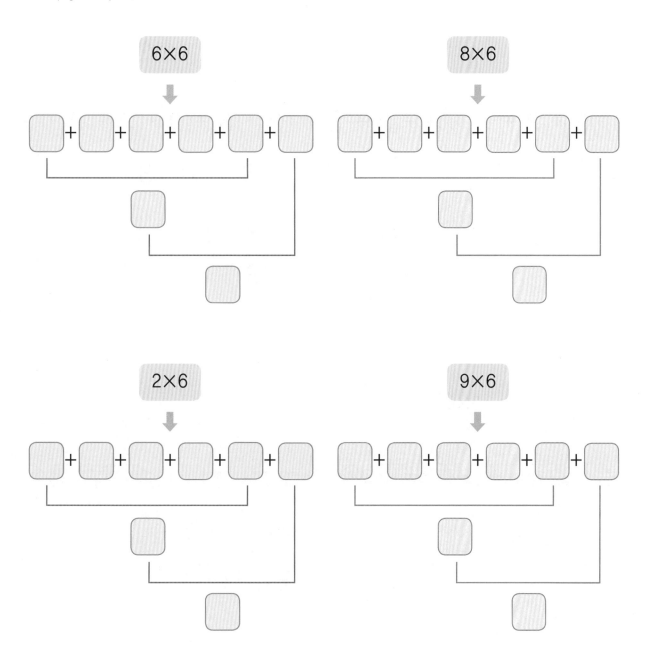

5배를 이용한 곱셈식 (1)

 5배를 이용한 곱셈식이 되도록 □ 안에 알맞은 수를 써넣으세요.

3×6

3 + 3 + 3 + 3 + 3 + 3

15

18

3×6

3 + 3 + 3 + 3 + 3 + 3

= (3 ×5) + 3

= 15 + 3

= 18

5×6

☐ + ☐ + ☐ + ☐ + ☐ + ☐

= (☐ ×5) + ☐

= ☐ + ☐

= ☐

4×6

☐ + ☐ + ☐ + ☐ + ☐ + ☐

= (☐ ×5) + ☐

= ☐ + ☐

= ☐

🌱 5배를 이용한 곱셈식이 되도록 □ 안에 알맞은 수를 써넣으세요.

7×6

□ + □ + □ + □ + □ + □

= (□ × **5**) + □

= □ + □

= □

6×6

□ + □ + □ + □ + □ + □

= (□ × **5**) + □

= □ + □

= □

8×6

□ + □ + □ + □ + □ + □

= (□ × **5**) + □

= □ + □

= □

9×6

□ + □ + □ + □ + □ + □

= (□ × **5**) + □

= □ + □

= □

🌱 5배를 이용한 곱셈식이 되도록 ☐ 안에 알맞은 수를 써넣으세요.

$7 \times 6 = (\boxed{7} \times 5) + \boxed{7}$

$= \boxed{35} + \boxed{7}$

$= \boxed{42}$

$4 \times 6 = (\boxed{} \times 5) + \boxed{}$

$= \boxed{} + \boxed{}$

$= \boxed{}$

$6 \times 6 = (\boxed{} \times 5) + \boxed{}$

$= \boxed{} + \boxed{}$

$= \boxed{}$

$8 \times 6 = (\boxed{} \times 5) + \boxed{}$

$= \boxed{} + \boxed{}$

$= \boxed{}$

$9 \times 6 = (\boxed{} \times 5) + \boxed{}$

$= \boxed{} + \boxed{}$

$= \boxed{}$

$3 \times 6 = (\boxed{} \times 5) + \boxed{}$

$= \boxed{} + \boxed{}$

$= \boxed{}$

5배씩 모으기 (2)

 5배와 2배씩 모으기 하여 □ 안에 알맞은 수를 써넣으세요.

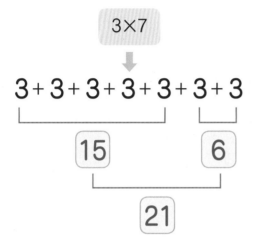

3×7

3+3+3+3+3+3+3

15   6

21

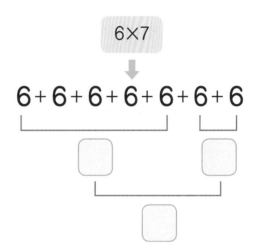

6×7

6+6+6+6+6+6+6

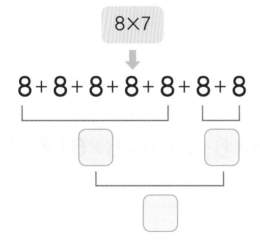

8×7

8+8+8+8+8+8+8

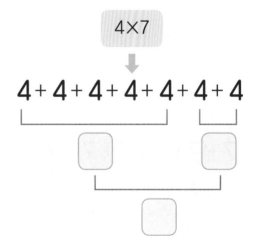

4×7

4+4+4+4+4+4+4

TIP

곱셈식을 덧셈식으로 나타낸 후 모으기 할 때, 5배와 2배를 모두 이용할 수 있습니다.

5배와 2배씩 모으기 하여 □ 안에 알맞은 수를 써넣으세요.

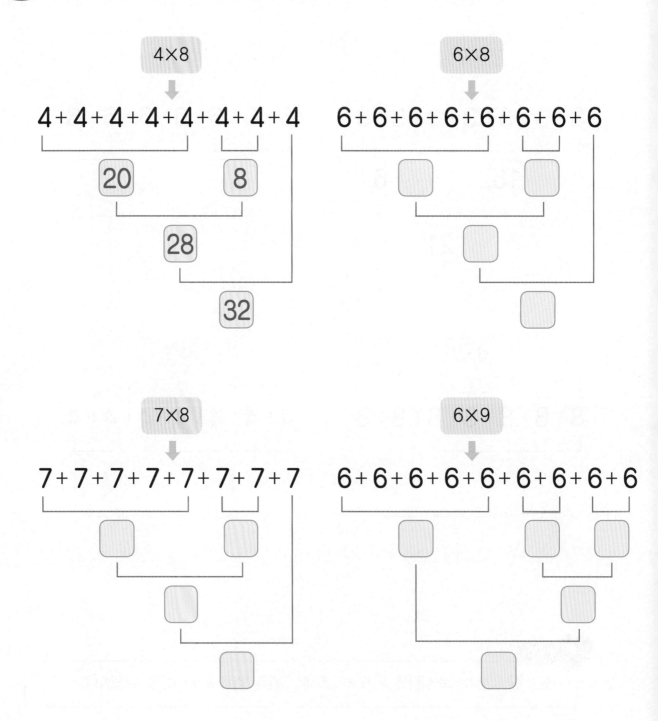

5배를 이용한 곱셈식 (2)

🌱 5배와 2배를 이용한 곱셈식이 되도록 □ 안에 알맞은 수를 써넣으세요.

4×7

4+4+4+4+4+4+4

| 20 | 8 |

28

4×7

4+4+4+4+4+4+4

=(4 ×5)+(4 ×2)

= 20 + 8

= 28

5×7

5+5+5+5+5+5+5

=(□ ×5)+(□ ×2)

= □ + □

= □

8×7

8+8+8+8+8+8+8

=(□ ×5)+(□ ×2)

= □ + □

= □

🌱 5배와 2배를 이용한 곱셈식이 되도록 □ 안에 알맞은 수를 써넣으세요.

4×8

4 + 4 + 4 + 4 + 4 + 4 + 4 + 4

20   8

28

32

4×8

4 + 4 + 4 + 4 + 4 + 4 + 4 + 4

= (4 ×5)+(4 ×2)+ 4

= 20 + 8 + 4

= 32

6×8

6 + 6 + 6 + 6 + 6 + 6 + 6 + 6

= (□ ×5)+(□ ×2)+ □

= □ + □ + □

= □

7×8

7 + 7 + 7 + 7 + 7 + 7 + 7 + 7

= (□ ×5)+(□ ×2)+ □

= □ + □ + □

= □

 5배와 2배를 이용한 곱셈식이 되도록 □ 안에 알맞은 수를 써넣으세요.

6×7

$6+6+6+6+6+6+6$

$= (\boxed{} \times 5) + (\boxed{} \times 2)$

$= \boxed{} + \boxed{}$

$= \boxed{}$

3×8

$3+3+3+3+3+3+3+3$

$= (\boxed{} \times 5) + (\boxed{} \times 2) + \boxed{}$

$= \boxed{} + \boxed{} + \boxed{}$

$= \boxed{}$

4×9

$4+4+4+4+4+4+4+4+4$

$= (\boxed{} \times 5) + (\boxed{} \times 2) + (\boxed{} \times 2)$

$= \boxed{} + \boxed{} + \boxed{}$

$= \boxed{}$

바꾸어 생각하기

 5배를 이용하여 계산할 수 있는 두 가지의 곱셈방법 중 더 간단한 방법을 알아보세요.

$6×8$
$=6+6+6+6+6+6+6+6$
$=(6×5)+(6×2)+6$
$=30+12+6$
$=48$

$6×8$ 더 쉬워요!
$=8+8+8+8+8+8$
$=(8×5)+8$
$=40+8$
$=48$

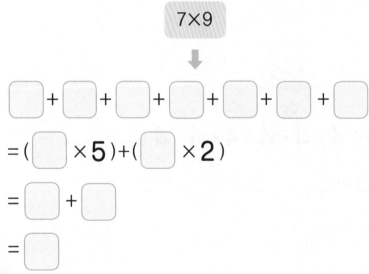

$7×9$

$\boxed{}+\boxed{}+\boxed{}+\boxed{}+\boxed{}+\boxed{}+\boxed{}$

$=(\boxed{}×5)+(\boxed{}×2)$

$=\boxed{}+\boxed{}$

$=\boxed{}$

 TIP

6×8은 8×6과 같으므로 위와 같이 두 가지 방법으로 표현할 수 있습니다. 만들 수 있는 두 가지 방법을 모두 생각해 보고, 5배를 이용할 수 있는 더 간단한 방법으로 문제를 해결합니다.

□ 안에 알맞은 수를 써넣으세요.

6×9

☐ + ☐ + ☐ + ☐ + ☐ + ☐

= (☐ ×5) + ☐

= ☐ + ☐

= ☐

6×7

☐ + ☐ + ☐ + ☐ + ☐ + ☐

= (☐ ×5) + ☐

= ☐ + ☐

= ☐

7×8

☐ + ☐ + ☐ + ☐ + ☐ + ☐ + ☐

= (☐ ×5) + (☐ ×2)

= ☐ + ☐

= ☐

Note

보충학습

Drill

□ 안에 알맞은 수를 써넣으세요.

4 + 4 + 4 = □
⬇
□ × □ = □

5 + 5 + 5 + 5 = □
⬇
□ × □ = □

6 + 6 + 6 = □
⬇
□ × □ = □

4 + 4 + 4 + 4 = □
⬇
□ × □ = □

8 + 8 = □
⬇
□ × □ = □

3 + 3 + 3 + 3 + 3 = □
⬇
□ × □ = □

2 + 2 + 2 + 2 + 2 + 2 + 2 = □
⬇
□ × □ = □

□ 안에 알맞은 수를 써넣으세요.

$\boxed{} + \boxed{} + \boxed{} = \boxed{}$

↓

$\boxed{5} \times \boxed{3} = \boxed{}$

$\boxed{} + \boxed{} + \boxed{} + \boxed{} = \boxed{}$

↓

$\boxed{6} \times \boxed{4} = \boxed{}$

$\boxed{} + \boxed{} + \boxed{} = \boxed{}$

↓

$\boxed{7} \times \boxed{3} = \boxed{}$

$\boxed{} + \boxed{} + \boxed{} + \boxed{} = \boxed{}$

↓

$\boxed{9} \times \boxed{4} = \boxed{}$

$\boxed{} + \boxed{} = \boxed{}$

↓

$\boxed{6} \times \boxed{2} = \boxed{}$

$\boxed{} + \boxed{} + \boxed{} + \boxed{} + \boxed{} = \boxed{}$

↓

$\boxed{4} \times \boxed{5} = \boxed{}$

$\boxed{} + \boxed{} + \boxed{} + \boxed{} + \boxed{} + \boxed{} + \boxed{} + \boxed{} = \boxed{}$

↓

$\boxed{3} \times \boxed{8} = \boxed{}$

□ 안에 알맞은 수를 써넣으세요.

$8 + 8 + 8 = \boxed{}$

$\boxed{} \times \boxed{} = \boxed{}$

$2 + 2 + 2 + 2 = \boxed{}$

$\boxed{} \times \boxed{} = \boxed{}$

$3 + 3 + 3 = \boxed{}$

$\boxed{} \times \boxed{} = \boxed{}$

$7 + 7 + 7 + 7 = \boxed{}$

$\boxed{} \times \boxed{} = \boxed{}$

$4 + 4 = \boxed{}$

$\boxed{} \times \boxed{} = \boxed{}$

$6 + 6 + 6 + 6 + 6 = \boxed{}$

$\boxed{} \times \boxed{} = \boxed{}$

$5 + 5 + 5 + 5 + 5 + 5 + 5 + 5 = \boxed{}$

$\boxed{} \times \boxed{} = \boxed{}$

□ 안에 알맞은 수를 써넣으세요.

$\boxed{} + \boxed{} + \boxed{} = \boxed{}$

↓

$\boxed{9} \times \boxed{3} = \boxed{}$

$\boxed{} + \boxed{} + \boxed{} + \boxed{} = \boxed{}$

↓

$\boxed{8} \times \boxed{4} = \boxed{}$

$\boxed{} + \boxed{} + \boxed{} = \boxed{}$

↓

$\boxed{2} \times \boxed{3} = \boxed{}$

$\boxed{} + \boxed{} + \boxed{} + \boxed{} = \boxed{}$

↓

$\boxed{3} \times \boxed{4} = \boxed{}$

$\boxed{} + \boxed{} = \boxed{}$

↓

$\boxed{7} \times \boxed{2} = \boxed{}$

$\boxed{} + \boxed{} + \boxed{} + \boxed{} + \boxed{} = \boxed{}$

↓

$\boxed{8} \times \boxed{5} = \boxed{}$

$\boxed{} + \boxed{} + \boxed{} + \boxed{} + \boxed{} + \boxed{} + \boxed{} + \boxed{} + \boxed{} = \boxed{}$

↓

$\boxed{4} \times \boxed{9} = \boxed{}$

2배와 5배

□ 안에 알맞은 수를 써넣으세요.

$2 \times 2 =$ ☐ $2 \times 4 =$ ☐

$2 \times 3 =$ ☐ $2 \times 9 =$ ☐

$2 \times 6 =$ ☐ $2 \times 5 =$ ☐

$2 \times 1 =$ ☐ $2 \times 7 =$ ☐

$2 \times 8 =$ ☐ $2 \times 2 =$ ☐

$2 \times 7 =$ ☐ $2 \times 4 =$ ☐

$2 \times 5 =$ ☐ $2 \times 8 =$ ☐

□ 안에 알맞은 수를 써넣으세요.

$5 \times 1 =$ ☐

$5 \times 3 =$ ☐

$5 \times 2 =$ ☐

$5 \times 6 =$ ☐

$5 \times 4 =$ ☐

$5 \times 7 =$ ☐

$5 \times 5 =$ ☐

$5 \times 8 =$ ☐

$5 \times 3 =$ ☐

$5 \times 5 =$ ☐

$5 \times 8 =$ ☐

$5 \times 2 =$ ☐

$5 \times 9 =$ ☐

$5 \times 6 =$ ☐

□ 안에 알맞은 수를 써넣으세요.

$5 \times 2 =$ ◻

$5 \times 6 =$ ◻

$2 \times 6 =$ ◻

$4 \times 2 =$ ◻

$5 \times 3 =$ ◻

$4 \times 5 =$ ◻

$5 \times 1 =$ ◻

$3 \times 5 =$ ◻

$2 \times 3 =$ ◻

$8 \times 5 =$ ◻

$2 \times 8 =$ ◻

$2 \times 9 =$ ◻

$2 \times 7 =$ ◻

$5 \times 7 =$ ◻

□ 안에 알맞은 수를 써넣으세요.

2 × 6 = ☐

5 × 5 = ☐

4 × 2 = ☐

8 × 5 = ☐

5 × 7 = ☐

2 × 8 = ☐

2 × 9 = ☐

5 × 9 = ☐

6 × 2 = ☐

8 × 2 = ☐

5 × 6 = ☐

5 × 3 = ☐

1 × 5 = ☐

5 × 4 = ☐

2배를 이용한 곱셈

□ 안에 알맞은 수를 써넣으세요.

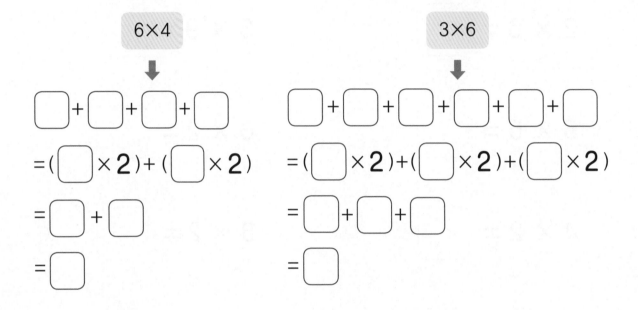

6×4

□+□+□+□

=(□×2)+(□×2)

=□+□

=□

3×6

□+□+□+□+□+□

=(□×2)+(□×2)+(□×2)

=□+□+□

=□

3×4

□+□+□+□

=(□×2)+(□×2)

=□+□

=□

7×6

□+□+□+□+□+□

=(□×2)+(□×2)+(□×2)

=□+□+□

=□

□ 안에 알맞은 수를 써넣으세요.

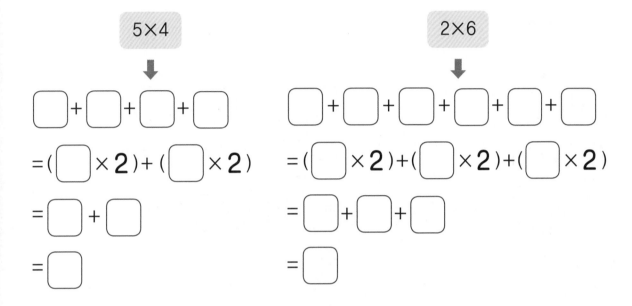

□ 안에 알맞은 수를 써넣으세요.

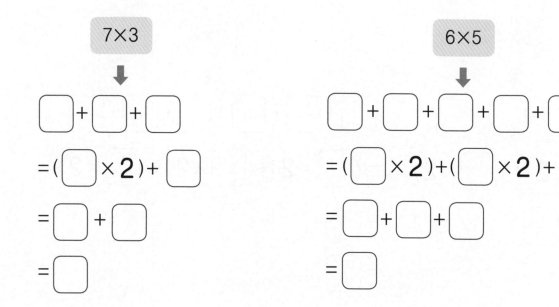

7×3

□ + □ + □

= (□ × 2) + □

= □ + □

= □

6×5

□ + □ + □ + □ + □

= (□ × 2) + (□ × 2) + □

= □ + □ + □

= □

8×3

□ + □ + □

= (□ × 2) + □

= □ + □

= □

8×5

□ + □ + □ + □ + □

= (□ × 2) + (□ × 2) + □

= □ + □ + □

= □

□ 안에 알맞은 수를 써넣으세요.

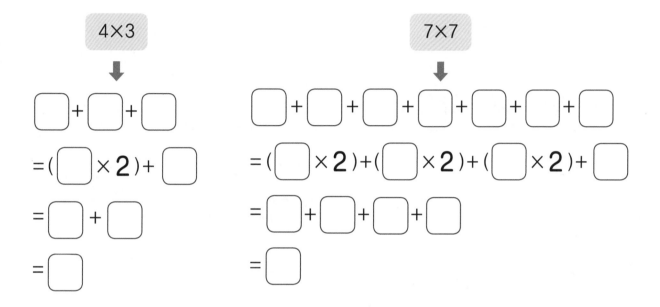

5배를 이용한 곱셈

□ 안에 알맞은 수를 써넣으세요.

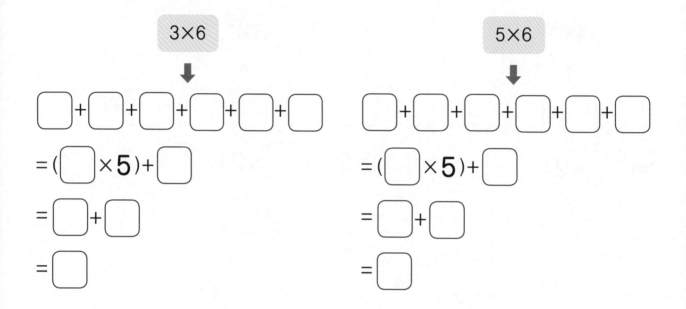

3×6

$$\square + \square + \square + \square + \square + \square$$

$$= (\square \times 5) + \square$$

$$= \square + \square$$

$$= \square$$

5×6

$$\square + \square + \square + \square + \square + \square$$

$$= (\square \times 5) + \square$$

$$= \square + \square$$

$$= \square$$

6×6

$$\square + \square + \square + \square + \square + \square$$

$$= (\square \times 5) + \square$$

$$= \square + \square$$

$$= \square$$

8×6

$$\square + \square + \square + \square + \square + \square$$

$$= (\square \times 5) + \square$$

$$= \square + \square$$

$$= \square$$

□ 안에 알맞은 수를 써넣으세요.

$4 \times 6 = (\boxed{} \times 5) + \boxed{}$

$ = \boxed{} + \boxed{}$

$ = \boxed{}$

$2 \times 6 = (\boxed{} \times 5) + \boxed{}$

$ = \boxed{} + \boxed{}$

$ = \boxed{}$

$7 \times 6 = (\boxed{} \times 5) + \boxed{}$

$ = \boxed{} + \boxed{}$

$ = \boxed{}$

$5 \times 6 = (\boxed{} \times 5) + \boxed{}$

$ = \boxed{} + \boxed{}$

$ = \boxed{}$

$3 \times 6 = (\boxed{} \times 5) + \boxed{}$

$ = \boxed{} + \boxed{}$

$ = \boxed{}$

$9 \times 6 = (\boxed{} \times 5) + \boxed{}$

$ = \boxed{} + \boxed{}$

$ = \boxed{}$

□ 안에 알맞은 수를 써넣으세요.

3×7

$\downarrow$

$3 + 3 + 3 + 3 + 3 + 3 + 3$

$= (\boxed{} \times 5) + (\boxed{} \times 2)$

$= \boxed{} + \boxed{}$

$= \boxed{}$

4×7

$\downarrow$

$4 + 4 + 4 + 4 + 4 + 4 + 4$

$= (\boxed{} \times 5) + (\boxed{} \times 2)$

$= \boxed{} + \boxed{}$

$= \boxed{}$

6×7

$\downarrow$

$6 + 6 + 6 + 6 + 6 + 6 + 6$

$= (\boxed{} \times 5) + (\boxed{} \times 2)$

$= \boxed{} + \boxed{}$

$= \boxed{}$

7×7

$\downarrow$

$7 + 7 + 7 + 7 + 7 + 7 + 7$

$= (\boxed{} \times 5) + (\boxed{} \times 2)$

$= \boxed{} + \boxed{}$

$= \boxed{}$

□ 안에 알맞은 수를 써넣으세요.

4×8

$4+4+4+4+4+4+4+4$

$= (\boxed{} \times 5) + (\boxed{} \times 2) + \boxed{}$

$= \boxed{} + \boxed{} + \boxed{}$

$= \boxed{}$

5×8

$5+5+5+5+5+5+5+5$

$= (\boxed{} \times 5) + (\boxed{} \times 2) + \boxed{}$

$= \boxed{} + \boxed{} + \boxed{}$

$= \boxed{}$

3×8

$3+3+3+3+3+3+3+3$

$= (\boxed{} \times 5) + (\boxed{} \times 2) + \boxed{}$

$= \boxed{} + \boxed{} + \boxed{}$

$= \boxed{}$

8×8

$8+8+8+8+8+8+8+8$

$= (\boxed{} \times 5) + (\boxed{} \times 2) + \boxed{}$

$= \boxed{} + \boxed{} + \boxed{}$

$= \boxed{}$

소마의 마술같은 원리셈

정답

정답

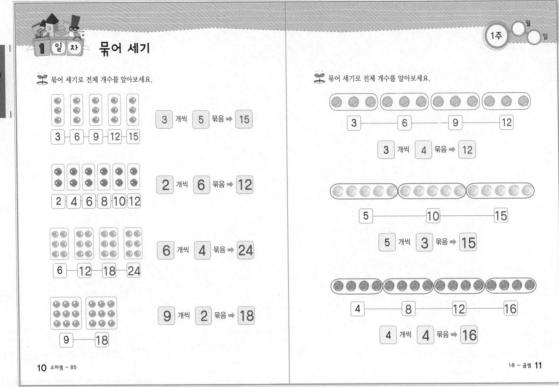

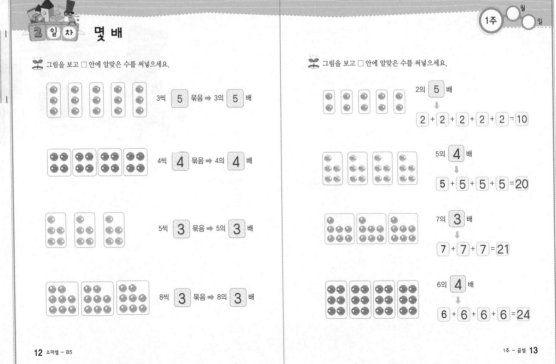

곱셈식으로 나타내기

□ 안에 알맞은 수를 써넣으세요.

$3+3+3+3=\boxed{12}$ → 3의 $\boxed{4}$ 배 = $\boxed{12}$

$5+5+5+5+5=\boxed{25}$ → 5의 $\boxed{5}$ 배 = $\boxed{25}$

$2+2+2+2+2+2+2=\boxed{14}$ → 2의 $\boxed{7}$ 배 = $\boxed{14}$

$6+6+6+6+6+6=\boxed{36}$ → 6의 $\boxed{6}$ 배 = $\boxed{36}$

$9+9+9=\boxed{27}$ → 9의 $\boxed{3}$ 배 = $\boxed{27}$

$8+8+8+8=\boxed{32}$ → 8의 $\boxed{4}$ 배 = $\boxed{32}$

14 소마셈 – B5

그림을 보고 □ 안에 알맞은 수를 써넣으세요.

$4+4+4=12$
$4\times\boxed{3}=12$

$6+6+6=18$
$6\times\boxed{3}=18$

$8+8=16$
$8\times\boxed{2}=16$

$3+3+3+3=12$
$3\times\boxed{4}=12$

1주 – 곱셈 15

□ 안에 알맞은 수를 써넣으세요.

$2+2+2=6$
↓
$2\times\boxed{3}=6$

$7+7+7+7=\boxed{28}$
↓
$7\times\boxed{4}=28$

$9+9=18$
↓
$9\times\boxed{2}=18$

$5+5+5+5+5=\boxed{25}$
↓
$5\times\boxed{5}=25$

$8+8+8=\boxed{24}$
↓
$8\times\boxed{3}=24$

$4+4+4+4=16$
↓
$4\times\boxed{4}=16$

$3+3+3+3+3+3+3=\boxed{21}$
↓
$3\times\boxed{7}=21$

16 소마셈 – B5

□ 안에 알맞은 수를 써넣으세요.

$5+5+5+5=\boxed{20}$
↓
$5\times\boxed{4}=20$

$9+9+9=\boxed{27}$
↓
$9\times\boxed{3}=27$

$6+6+6+6+6=\boxed{30}$
↓
$6\times\boxed{5}=30$

$7+7=\boxed{14}$
↓
$7\times\boxed{2}=14$

$2+2+2+2=\boxed{8}$
↓
$2\times\boxed{4}=8$

$4+4+4=\boxed{12}$
↓
$4\times\boxed{3}=12$

$5+5+5+5+5+5+5+5=\boxed{40}$
↓
$5\times\boxed{8}=40$

1주 – 곱셈 17

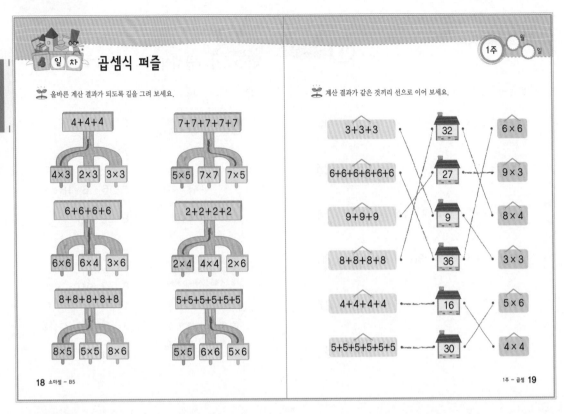

P 18 ~ 19

4일차 곱셈식 퍼즐

1주

올바른 계산 결과가 되도록 길을 그려 보세요.

계산 결과가 같은 것끼리 선으로 이어 보세요.

18 소마셈 – B5

1주 – 곱셈 19

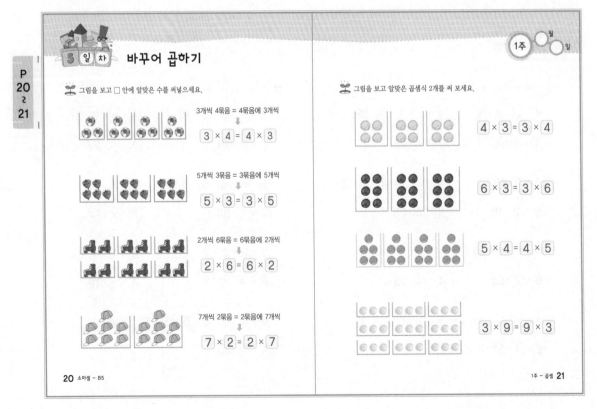

P 20 ~ 21

5일차 바꾸어 곱하기

1주

그림을 보고 □ 안에 알맞은 수를 써넣으세요.

그림을 보고 알맞은 곱셈식 2개를 써 보세요.

3개씩 4묶음 = 4묶음에 3씩
$3 \times 4 = 4 \times 3$

$4 \times 3 = 3 \times 4$

5개씩 3묶음 = 3묶음에 5씩
$5 \times 3 = 3 \times 5$

$6 \times 3 = 3 \times 6$

2개씩 6묶음 = 6묶음에 2씩
$2 \times 6 = 6 \times 2$

$5 \times 4 = 4 \times 5$

7개씩 2묶음 = 2묶음에 7씩
$7 \times 2 = 2 \times 7$

$3 \times 9 = 9 \times 3$

20 소마셈 – B5

1주 – 곱셈 21

🌱 계산 결과가 같은 것끼리 선으로 이어 보세요.

P 22

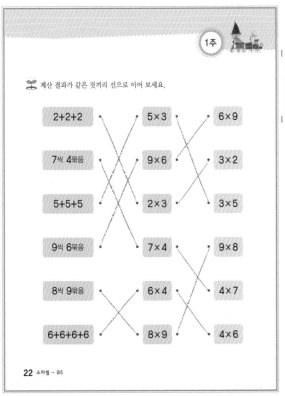

2+2+2	5×3	6×9
7씩 4묶음	9×6	3×2
5+5+5	2×3	3×5
9씩 6묶음	7×4	9×8
8씩 9묶음	6×4	4×7
6+6+6+6	8×9	4×6

---

1 일 차 **몇 배와 바꾸어 곱하기**

P 24 ~ 25

🌱 그림을 보고 □ 안에 알맞은 수를 써넣으세요.

4의 2배 = 2의 4배
↓
$4 \times 2 = 8$
$2 \times 4 = 8$

5의 2배 = 2의 5배
↓
$5 \times 2 = 10$
$2 \times 5 = 10$

6의 2배 = 2의 6배
↓
$6 \times 2 = 12$
$2 \times 6 = 12$

TIP
2배와 5배는 □×2, □×5 뿐 아니라 2×□, 5×□로도 표현할 수 있습니다. 바꾸어 곱하기를 이해하면 2배와 5배를 익히는데 도움이 됩니다.

🌱 그림을 보고 □ 안에 알맞은 수를 써넣으세요.

2의 5배 = 5의 2배
↓
$2 \times 5 = 10$
$5 \times 2 = 10$

3의 5배 = 5의 3배
↓
$3 \times 5 = 15$
$5 \times 3 = 15$

4의 5배 = 5의 4배
↓
$4 \times 5 = 20$
$5 \times 4 = 20$

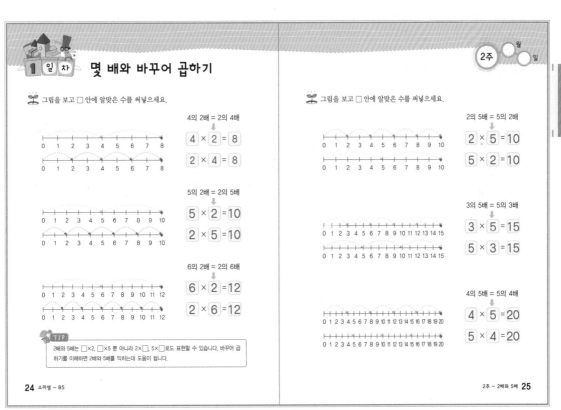

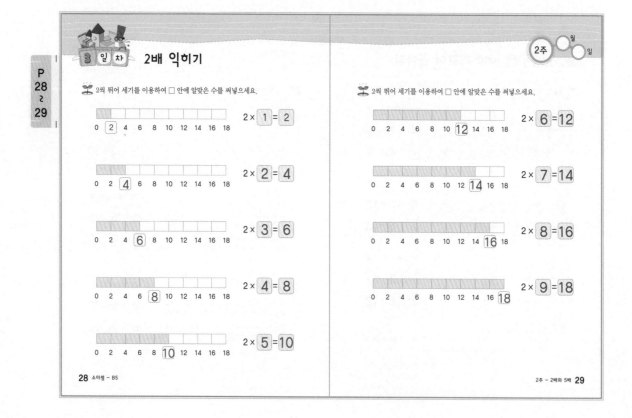

2일차 2배

그림을 보고 수의 2배를 알아보세요.

1의 2배 = 2 의 1 배
$2 \times 1 = 2$

2의 2배 = 2 의 2 배
$2 \times 2 = 4$

3의 2배 = 2 의 3 배
$2 \times 3 = 6$

4의 2배 = 2 의 4 배
$2 \times 4 = 8$

5의 2배 = 2 의 5 배
$2 \times 5 = 10$

6의 2배 = 2 의 6 배
$2 \times 6 = 12$

26 소마셈 – B5

그림을 보고 수의 2배를 알아보세요.

7의 2배 = 2 의 7 배
$2 \times 7 = 14$

8의 2배 = 2 의 8 배
$2 \times 8 = 16$

9의 2배 = 2 의 9 배
$2 \times 9 = 18$

TIP
B5에서는 곱셈구구 2~9단을 차례대로 암기하기에 앞서 2배와 5배를 공부합니다.
곱셈구구의 2단과 5단은 아이들이 가장 쉽게 이해하고 기억하는 곱셈입니다. 2배와 5배를
통해 2단과 5단을 가장 먼저 알게 하여 이를 이용한 곱셈의 활용을 준비합니다.

2주 – 2배와 5배 27

3일차 2배 익히기

2씩 뛰어 세기를 이용하여 □ 안에 알맞은 수를 써넣으세요.

0 2 4 6 8 10 12 14 16 18 $2 \times 1 = 2$

0 2 4 6 8 10 12 14 16 18 $2 \times 2 = 4$

0 2 4 6 8 10 12 14 16 18 $2 \times 3 = 6$

0 2 4 6 8 10 12 14 16 18 $2 \times 4 = 8$

0 2 4 6 8 10 12 14 16 18 $2 \times 5 = 10$

28 소마셈 – B5

2씩 뛰어 세기를 이용하여 □ 안에 알맞은 수를 써넣으세요.

0 2 4 6 8 10 12 14 16 18 $2 \times 6 = 12$

0 2 4 6 8 10 12 14 16 18 $2 \times 7 = 14$

0 2 4 6 8 10 12 14 16 18 $2 \times 8 = 16$

0 2 4 6 8 10 12 14 16 18 $2 \times 9 = 18$

2주 – 2배와 5배 29

신나는 연산!

2주

P 30 ~ 31

2씩 뛰어 세기 한 수를 빈칸에 쓰고, 곱셈식을 완성해 보세요.

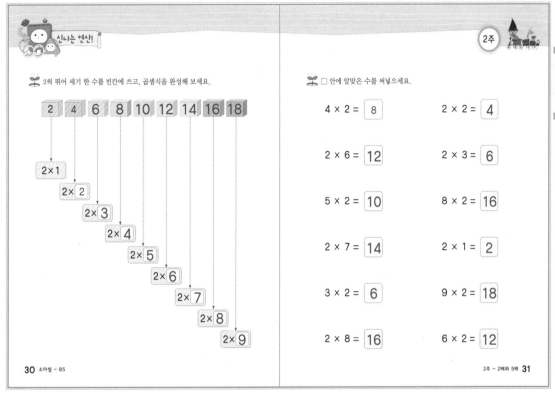

□ 안에 알맞은 수를 써넣으세요.

$4 \times 2 = 8$ $2 \times 2 = 4$

$2 \times 6 = 12$ $2 \times 3 = 6$

$5 \times 2 = 10$ $8 \times 2 = 16$

$2 \times 7 = 14$ $2 \times 1 = 2$

$3 \times 2 = 6$ $9 \times 2 = 18$

$2 \times 8 = 16$ $6 \times 2 = 12$

4 일 차 5배

2주 월 일

P 32 ~ 33

시계를 이용하여 수의 5배를 알아보세요.

시계를 이용하여 수의 5배를 알아보세요.

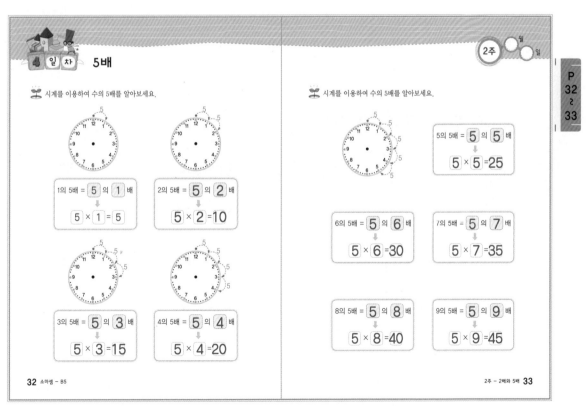

1의 5배 = 5 의 1 배
$5 \times 1 = 5$

2의 5배 = 5 의 2 배
$5 \times 2 = 10$

3의 5배 = 5 의 3 배
$5 \times 3 = 15$

4의 5배 = 5 의 4 배
$5 \times 4 = 20$

5의 5배 = 5 의 5 배
$5 \times 5 = 25$

6의 5배 = 5 의 6 배
$5 \times 6 = 30$

7의 5배 = 5 의 7 배
$5 \times 7 = 35$

8의 5배 = 5 의 8 배
$5 \times 8 = 40$

9의 5배 = 5 의 9 배
$5 \times 9 = 45$

정답

P
34
~
35

5일차 5배 익히기

2주 월 일

🌱 5씩 뛰어 세기를 이용하여 □ 안에 알맞은 수를 써넣으세요.

0 5 10 15 20 25 30 35 40 45
5 × 1 = 5

0 5 10 15 20 25 30 35 40 45
5 × 2 = 10

0 5 10 15 20 25 30 35 40 45
5 × 3 = 15

0 5 10 15 20 25 30 35 40 45
5 × 4 = 20

0 5 10 15 20 25 30 35 40 45
5 × 5 = 25

34 소마셈 - B5

🌱 5씩 뛰어 세기를 이용하여 □ 안에 알맞은 수를 써넣으세요.

0 5 10 15 20 25 30 35 40 45
5 × 6 = 30

0 5 10 15 20 25 30 35 40 45
5 × 7 = 35

0 5 10 15 20 25 30 35 40 45
5 × 8 = 40

0 5 10 15 20 25 30 35 40 45
5 × 9 = 45

2주 - 2배와 5배 35

P
36
~
37

신나는 연산!

2주

🌱 5씩 뛰어 세기 한 수를 빈칸에 쓰고, 곱셈식을 완성해 보세요.

| 5 | 10 | 15 | 20 | 25 | 30 | 35 | 40 | 45 |

5×1
5×2
5×3
5×4
5×5
5×6
5×7
5×8
5×9

🌱 □ 안에 알맞은 수를 써넣으세요.

5 × 2 = 10   5 × 5 = 25

3 × 5 = 15   6 × 5 = 30

5 × 7 = 35   5 × 8 = 40

5 × 4 = 20   9 × 5 = 45

1 × 5 = 5   5 × 6 = 30

5 × 3 = 15   7 × 5 = 35

36 소마셈 - B5

2주 - 2배와 5배 37

92 소마셈 - B5

1 일 차 2배씩 모으기 (1)

🌱 곱셈식을 덧셈식으로 나타낸 후 2배씩 모으기 하여 □ 안에 알맞은 수를 써넣으세요.

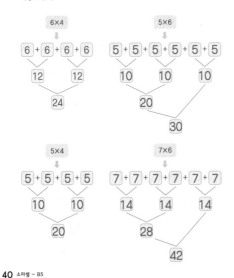

🌱 곱셈식을 덧셈식으로 나타낸 후 2배씩 모으기 하여 □ 안에 알맞은 수를 써넣으세요.

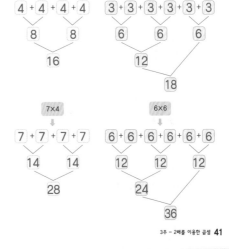

40 소마셈 – B5

3주 – 2배를 이용한 곱셈 41

2 일 차 2배를 이용한 곱셈식 (1)

🌱 2배를 이용한 곱셈식이 되도록 □ 안에 알맞은 수를 써넣으세요.

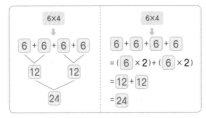

6×4

$6 + 6 + 6 + 6$
$= (6 \times 2) + (6 \times 2)$
$= 12 + 12$
$= 24$

9×4

$9 + 9 + 9 + 9$
$= (9 \times 2) + (9 \times 2)$
$= 18 + 18$
$= 36$

5×6

$5 + 5 + 5 + 5 + 5 + 5$
$= (5 \times 2) + (5 \times 2) + (5 \times 2)$
$= 10 + 10 + 10$
$= 30$

🌱 2배를 이용한 곱셈식이 되도록 □ 안에 알맞은 수를 써넣으세요.

7×4

$7 + 7 + 7 + 7$
$= (7 \times 2) + (7 \times 2)$
$= 14 + 14$
$= 28$

8×6

$8 + 8 + 8 + 8 + 8 + 8$
$= (8 \times 2) + (8 \times 2) + (8 \times 2)$
$= 16 + 16 + 16$
$= 48$

8×4

$8 + 8 + 8 + 8$
$= (8 \times 2) + (8 \times 2)$
$= 16 + 16$
$= 32$

7×6

$7 + 7 + 7 + 7 + 7 + 7$
$= (7 \times 2) + (7 \times 2) + (7 \times 2)$
$= 14 + 14 + 14$
$= 42$

42 소마셈 – B5

3주 – 2배를 이용한 곱셈 43

P
44
~
45

🌱 □ 안에 알맞은 수를 써넣으세요.

7×4=(7 ×2)+(7 ×2)　　5×4=(5 ×2)+(5 ×2)
　　 = 14 + 14 　　　　　　　 = 10 + 10
　　 = 28 　　　　　　　　　　 = 20

3×6=(3 ×2)+(3 ×2)+(3 ×2)
　　 = 6 + 6 + 6
　　 = 18

9×6=(9 ×2)+(9 ×2)+(9 ×2)
　　 = 18 + 18 + 18
　　 = 54

7×8=(7 ×2)+(7 ×2)+(7 ×2)+(7 ×2)
　　 = 14 + 14 + 14 + 14
　　 = 56

44 소마셈 - B5

2배씩 모으기 (2)

🌱 곱셈식을 덧셈식으로 나타낸 후 2배씩 모으기 하여 □ 안에 알맞은 수를 써넣으세요.

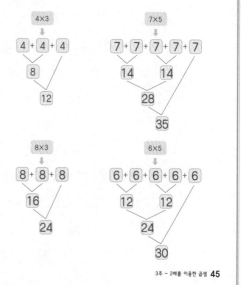

3주 - 2배를 이용한 곱셈 45

P
46
~
47

🌱 곱셈식을 덧셈식으로 나타낸 후 2배씩 모으기 하여 □ 안에 알맞은 수를 써넣으세요.

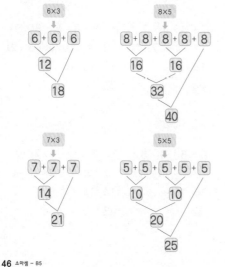

46 소마셈 - B5

2배를 이용한 곱셈식 (2)

🌱 2배를 이용한 곱셈식이 되도록 □ 안에 알맞은 수를 써넣으세요.

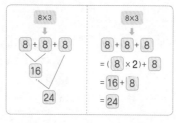

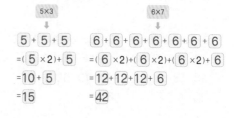

5×3　　　　　　　　　　6×7
5 + 5 + 5　　　　　6+6+6+6+6+6+6
=(5 ×2)+ 5 　　=(6 ×2)+(6 ×2)+(6 ×2)+ 6
= 10 + 5 　　　　 = 12 + 12 + 12 + 6
= 15 　　　　　　　 = 42

3주 - 2배를 이용한 곱셈 47

신나는 연산!

2배를 이용한 곱셈식이 되도록 □ 안에 알맞은 수를 써넣으세요.

9×3:
$$9+9+9$$
$$=(9×2)+9$$
$$=18+9$$
$$=27$$

8×5:
$$8+8+8+8+8$$
$$=(8×2)+(8×2)+8$$
$$=16+16+8$$
$$=40$$

5×9:
$$5+5+5+5+5+5+5+5+5$$
$$=(5×2)+(5×2)+(5×2)+(5×2)+5$$
$$=10+10+10+10+5$$
$$=45$$

48 소마셈 – B5

3주

2배를 이용한 곱셈식이 되도록 □ 안에 알맞은 수를 써넣으세요.

$$8×3=(8×2)+8$$
$$=16+8$$
$$=24$$

$$7×5=(7×2)+(7×2)+7$$
$$=14+14+7$$
$$=35$$

$$4×7=(4×2)+(4×2)+(4×2)+4$$
$$=8+8+8+4$$
$$=28$$

$$7×7=(7×2)+(7×2)+(7×2)+7$$
$$=14+14+14+7$$
$$=49$$

$$7×9=(7×2)+(7×2)+(7×2)+(7×2)+7$$
$$=14+14+14+14+7$$
$$=63$$

3주 - 2배를 이용한 곱셈 49

---

5 일 차   바꾸어 생각하기

2배를 이용하여 계산할 수 있는 두 가지의 곱셈방법 중 더 간단한 방법을 알아보세요.

$$4×7$$
$$=4+4+4+4+4+4+4$$
$$=(4×2)+(4×2)+(4×2)+4$$
$$=8+8+8+4$$
$$=28$$

$$4×7$$
$$=7+7+7+7$$
$$=(7×2)+(7×2)$$
$$=14+14$$
$$=28$$
더 쉬워요!

3×9:
$$9+9+9$$
$$=(9×2)+9$$
$$=18+9$$
$$=27$$

6×9:
$$9+9+9+9+9+9$$
$$=(9×2)+(9×2)+(9×2)$$
$$=18+18+18$$
$$=54$$

TIP
4×7은 7×4와 같으므로 위와 같이 두 가지 방법으로 표현할 수 있습니다. 만들 수 있는 두 가지 방법을 모두 생각해 보고, 2배를 이용할 수 있는 더 간단한 방법으로 문제를 해결합니다.

50 소마셈 – B5

3주

□ 안에 알맞은 수를 써넣으세요.

5×7:
$$7+7+7+7+7$$
$$=(7×2)+(7×2)+7$$
$$=14+14+7$$
$$=35$$

3×8:
$$8+8+8$$
$$=(8×2)+8$$
$$=16+8$$
$$=24$$

4×6:
$$6+6+6+6$$
$$=(6×2)+(6×2)$$
$$=12+12$$
$$=24$$

4×8:
$$8+8+8+8$$
$$=(8×2)+(8×2)$$
$$=16+16$$
$$=32$$

3주 - 2배를 이용한 곱셈 51

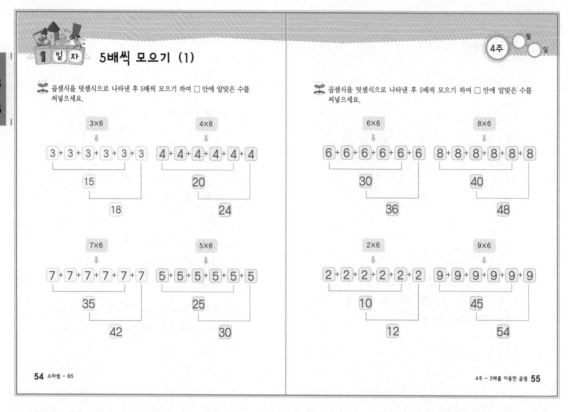

1 일차 **5배씩 모으기 (1)**

🌱 곱셈식을 덧셈식으로 나타낸 후 5배씩 모으기 하여 □ 안에 알맞은 수를 써넣으세요.

3×6
3 + 3 + 3 + 3 + 3 + 3
15
18

4×6
4 + 4 + 4 + 4 + 4 + 4
20
24

7×6
7 + 7 + 7 + 7 + 7 + 7
35
42

5×6
5 + 5 + 5 + 5 + 5 + 5
25
30

🌱 곱셈식을 덧셈식으로 나타낸 후 5배씩 모으기 하여 □ 안에 알맞은 수를 써넣으세요.

6×6
6 + 6 + 6 + 6 + 6 + 6
30
36

8×6
8 + 8 + 8 + 8 + 8 + 8
40
48

2×6
2 + 2 + 2 + 2 + 2 + 2
10
12

9×6
9 + 9 + 9 + 9 + 9 + 9
45
54

54 소마셈 - B5

4주 - 5배를 이용한 곱셈 55

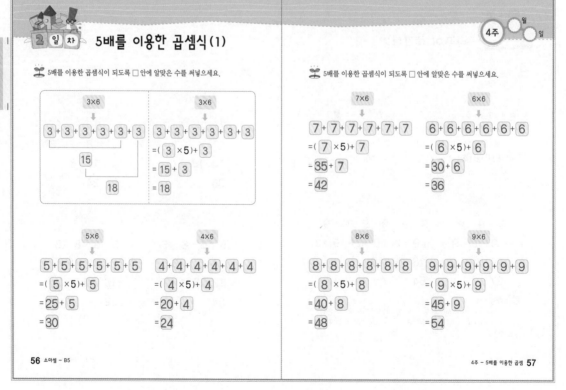

2 일차 **5배를 이용한 곱셈식 (1)**

🌱 5배를 이용한 곱셈식이 되도록 □ 안에 알맞은 수를 써넣으세요.

3×6
3 + 3 + 3 + 3 + 3 + 3
15
18

3×6
3 + 3 + 3 + 3 + 3 + 3
=(3 ×5)+ 3
=15 + 3
=18

5×6
5 + 5 + 5 + 5 + 5 + 5
=(5 ×5)+ 5
=25 + 5
=30

4×6
4 + 4 + 4 + 4 + 4 + 4
=(4 ×5)+ 4
=20 + 4
=24

🌱 5배를 이용한 곱셈식이 되도록 □ 안에 알맞은 수를 써넣으세요.

7×6
7 + 7 + 7 + 7 + 7 + 7
=(7 ×5)+ 7
=35 + 7
=42

6×6
6 + 6 + 6 + 6 + 6 + 6
=(6 ×5)+ 6
=30 + 6
=36

8×6
8 + 8 + 8 + 8 + 8 + 8
=(8 ×5)+ 8
=40 + 8
=48

9×6
9 + 9 + 9 + 9 + 9 + 9
=(9 ×5)+ 9
=45 + 9
=54

56 소마셈 - B5

4주 - 5배를 이용한 곱셈 57

4주

🌱 5배를 이용한 곱셈식이 되도록 □ 안에 알맞은 수를 써넣으세요.

$7×6=(\boxed{7}×5)+\boxed{7}$
$=\boxed{35}+\boxed{7}$
$=\boxed{42}$

$4×6=(\boxed{4}×5)+\boxed{4}$
$=\boxed{20}+\boxed{4}$
$=\boxed{24}$

$6×6=(\boxed{6}×5)+\boxed{6}$
$=\boxed{30}+\boxed{6}$
$=\boxed{36}$

$8×6=(\boxed{8}×5)+\boxed{8}$
$=\boxed{40}+\boxed{8}$
$=\boxed{48}$

$9×6=(\boxed{9}×5)+\boxed{9}$
$=\boxed{45}+\boxed{9}$
$=\boxed{54}$

$3×6=(\boxed{3}×5)+\boxed{3}$
$=\boxed{15}+\boxed{3}$
$=\boxed{18}$

58 소마셈 – B5

5배씩 모으기(2)

🌱 5배와 2배씩 모으기 하여 □ 안에 알맞은 수를 써넣으세요.

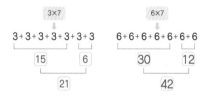

3×7
3+3+3+3+3+3+3
$\boxed{15}$ $\boxed{6}$
$\boxed{21}$

6×7
6+6+6+6+6+6+6
$\boxed{30}$ $\boxed{12}$
$\boxed{42}$

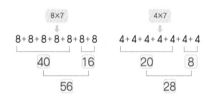

8×7
8+8+8+8+8+8+8
$\boxed{40}$ $\boxed{16}$
$\boxed{56}$

4×7
4+4+4+4+4+4+4
$\boxed{20}$ $\boxed{8}$
$\boxed{28}$

> **TIP**
> 곱셈식을 덧셈식으로 나타낸 후 모으기 할 때, 5배와 2배를 모두 이용할 수 있습니다.

4주 – 5배를 이용한 곱셈 **59**

4주 월 일

🌱 5배와 2배씩 모으기 하여 □ 안에 알맞은 수를 써넣으세요.

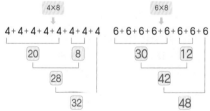

4×8
4+4+4+4+4+4+4+4
$\boxed{20}$ $\boxed{8}$
$\boxed{28}$
$\boxed{32}$

6×8
6+6+6+6+6+6+6+6
$\boxed{30}$ $\boxed{12}$
$\boxed{42}$
$\boxed{48}$

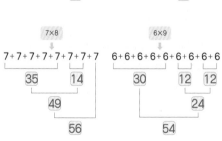

7×8
7+7+7+7+7+7+7+7
$\boxed{35}$ $\boxed{14}$
$\boxed{49}$
$\boxed{56}$

6×9
6+6+6+6+6+6+6+6+6
$\boxed{30}$ $\boxed{12}$ $\boxed{12}$
$\boxed{24}$
$\boxed{54}$

60 소마셈 – B5

5배를 이용한 곱셈식(2)

🌱 5배와 2배를 이용한 곱셈식이 되도록 □ 안에 알맞은 수를 써넣으세요.

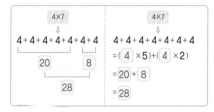

4×7
4+4+4+4+4+4+4
$\boxed{20}$ $\boxed{8}$
$\boxed{28}$

4×7
4+4+4+4+4+4+4
$=(\boxed{4}×5)+(\boxed{4}×2)$
$=\boxed{20}+\boxed{8}$
$=\boxed{28}$

5×7
5+5+5+5+5+5+5
$=(\boxed{5}×5)+(\boxed{5}×2)$
$=\boxed{25}+\boxed{10}$
$=\boxed{35}$

8×7
8+8+8+8+8+8+8
$=(\boxed{8}×5)+(\boxed{8}×2)$
$=\boxed{40}+\boxed{16}$
$=\boxed{56}$

4주 – 5배를 이용한 곱셈 **61**

P
62
~
63

신나는 연산!

5배와 2배를 이용한 곱셈식이 되도록 □ 안에 알맞은 수를 써넣으세요.

4×8

4+4+4+4+4+4+4+4

20   8

28

32

4×8

4+4+4+4+4+4+4+4
=(4×5)+(4×2)+4
=20+8+4
=32

6×8

6+6+6+6+6+6+6+6
=(6×5)+(6×2)+6
=30+12+6
=48

7×8

7+7+7+7+7+7+7+7
=(7×5)+(7×2)+7
=35+14+7
=56

4주 · 일 · 일

5배와 2배를 이용한 곱셈식이 되도록 □ 안에 알맞은 수를 써넣으세요.

6×7

6+6+6+6+6+6+6
=(6×5)+(6×2)
=30+12
=42

3×8

3+3+3+3+3+3+3+3
=(3×5)+(3×2)+3
=15+6+3
=24

4×9

4+4+4+4+4+4+4+4+4
=(4×5)+(4×2)+(4×2)
=20+8+8
=36

P
64
~
65

5 일 차 바꾸어 생각하기

5배를 이용하여 계산할 수 있는 두 가지의 곱셈방법 중 더 간단한 방법을 알아보세요.

6×8
=6+6+6+6+6+6+6+6
=(6×5)+(6×2)+6
=30+12+6
=48

6×8
=8+8+8+8+8+8
=(8×5)+8
=40+8
=48

더 아냐쇼!

7×9

9+9+9+9+9+9+9
=(9×5)+(9×2)
=45+18
=63

TIP
6×8은 8×6과 같으므로 위와 같이 두 가지 방법으로 표현할 수 있습니다. 만들 수 있는 두 가지 방법을 모두 생각해 보고, 5배를 이용할 수 있는 더 간단한 방법으로 문제를 해결합니다.

4주 · 일 · 일

□ 안에 알맞은 수를 써넣으세요.

6×9

9+9+9+9+9+9
=(9×5)+9
=45+9
=54

6×7

7+7+7+7+7+7
=(7×5)+7
=35+7
=42

7×8

8+8+8+8+8+8+8
=(8×5)+(8×2)
=40+16
=56

□ 안에 알맞은 수를 써넣으세요.

$4+4+4=12$ $5+5+5+5=20$
$\downarrow$ $\downarrow$
$4\times3=12$ $5\times4=20$

$6+6+6=18$ $4+4+4+4=16$
$\downarrow$ $\downarrow$
$6\times3=18$ $4\times4=16$

$8+8=16$ $3+3+3+3+3=15$
$\downarrow$ $\downarrow$
$8\times2=16$ $3\times5=15$

$2+2+2+2+2+2+2=14$
$\downarrow$
$2\times7=14$

□ 안에 알맞은 수를 써넣으세요.

$5+5+5=15$ $6+6+6+6=24$
$\downarrow$ $\downarrow$
$5\times3=15$ $6\times4=24$

$7+7+7=21$ $9+9+9+9=36$
$\downarrow$ $\downarrow$
$7\times3=21$ $9\times4=36$

$6+6=12$ $4+4+4+4+4=20$
$\downarrow$ $\downarrow$
$6\times2=12$ $4\times5=20$

$3+3+3+3+3+3+3+3=24$
$\downarrow$
$3\times8=24$

□ 안에 알맞은 수를 써넣으세요.

$8+8+8=24$ $2+2+2+2=8$
$\downarrow$ $\downarrow$
$8\times3=24$ $2\times4=8$

$3+3+3=9$ $7+7+7+7=28$
$\downarrow$ $\downarrow$
$3\times3=9$ $7\times4=28$

$4+4=8$ $6+6+6+6+6=30$
$\downarrow$ $\downarrow$
$4\times2=8$ $6\times5=30$

$5+5+5+5+5+5+5+5=40$
$\downarrow$
$5\times8=40$

□ 안에 알맞은 수를 써넣으세요.

$9+9+9=27$ $8+8+8+8=32$
$\downarrow$ $\downarrow$
$9\times3=27$ $8\times4=32$

$2+2+2=6$ $3+3+3+3=12$
$\downarrow$ $\downarrow$
$2\times3=6$ $3\times4=12$

$7+7=14$ $8+8+8+8+8=40$
$\downarrow$ $\downarrow$
$7\times2=14$ $8\times5=40$

$4+4+4+4+4+4+4+4+4=36$
$\downarrow$
$4\times9=36$

2주차 · 2배와 5배

P 72 ~ 73

□ 안에 알맞은 수를 써넣으세요.

2 × 2 = 4

2 × 3 = 6

2 × 6 = 12

2 × 1 = 2

2 × 8 = 16

2 × 7 = 14

2 × 5 = 10

2 × 4 = 8

2 × 9 = 18

2 × 5 = 10

2 × 7 = 14

2 × 2 = 4

2 × 4 = 8

2 × 8 = 16

□ 안에 알맞은 수를 써넣으세요.

5 × 1 = 5

5 × 2 = 10

5 × 4 = 20

5 × 5 = 25

5 × 3 = 15

5 × 8 = 40

5 × 9 = 45

5 × 3 = 15

5 × 6 = 30

5 × 7 = 35

5 × 8 = 40

5 × 5 = 25

5 × 2 = 10

5 × 6 = 30

2주차

P 74 ~ 75

□ 안에 알맞은 수를 써넣으세요.

5 × 2 = 10

2 × 6 = 12

5 × 3 = 15

5 × 1 = 5

2 × 3 = 6

2 × 8 = 16

2 × 7 = 14

5 × 6 = 30

4 × 2 = 8

4 × 5 = 20

3 × 5 = 15

8 × 5 = 40

2 × 9 = 18

5 × 7 = 35

□ 안에 알맞은 수를 써넣으세요.

2 × 6 = 12

5 × 5 = 25

4 × 2 = 8

8 × 5 = 40

5 × 7 = 35

2 × 8 = 16

2 × 9 = 18

5 × 9 = 45

6 × 2 = 12

8 × 2 = 16

5 × 6 = 30

5 × 3 = 15

1 × 5 = 5

5 × 4 = 20

3주차 drill **2배를 이용한 곱셈**

□ 안에 알맞은 수를 써넣으세요.

6×4
↓
$6+6+6+6$
$=(6×2)+(6×2)$
$=12+12$
$=24$

3×6
↓
$3+3+3+3+3+3$
$=(3×2)+(3×2)+(3×2)$
$=6+6+6$
$=18$

3×4
↓
$3+3+3+3$
$=(3×2)+(3×2)$
$=6+6$
$=12$

7×6
↓
$7+7+7+7+7+7$
$=(7×2)+(7×2)+(7×2)$
$=14+14+14$
$=42$

□ 안에 알맞은 수를 써넣으세요.

5×4
↓
$5+5+5+5$
$=(5×2)+(5×2)$
$=10+10$
$=20$

2×6
↓
$2+2+2+2+2+2$
$=(2×2)+(2×2)+(2×2)$
$=4+4+4$
$=12$

8×4
↓
$8+8+8+8$
$=(8×2)+(8×2)$
$=16+16$
$=32$

4×6
↓
$4+4+4+4+4+4$
$=(4×2)+(4×2)+(4×2)$
$=8+8+8$
$=24$

 3주차 drill

□ 안에 알맞은 수를 써넣으세요.

7×3
↓
$7+7+7$
$=(7×2)+7$
$=14+7$
$=21$

6×5
↓
$6+6+6+6+6$
$=(6×2)+(6×2)+6$
$=12+12+6$
$=30$

8×3
↓
$8+8+8$
$=(8×2)+8$
$=16+8$
$=24$

8×5
↓
$8+8+8+8+8$
$=(8×2)+(8×2)+8$
$=16+16+8$
$=40$

□ 안에 알맞은 수를 써넣으세요.

4×3
↓
$4+4+4$
$=(4×2)+4$
$=8+4$
$=12$

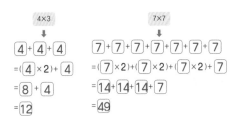
7×7
↓
$7+7+7+7+7+7+7$
$=(7×2)+(7×2)+(7×2)+7$
$=14+14+14+7$
$=49$

6×3
↓
$6+6+6$
$=(6×2)+6$
$=12+6$
$=18$

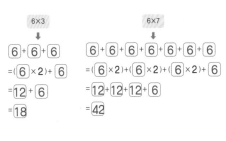
6×7
↓
$6+6+6+6+6+6+6$
$=(6×2)+(6×2)+(6×2)+6$
$=12+12+12+6$
$=42$

정답 **101**

4주차 drill   **5배를 이용한 곱셈**

□ 안에 알맞은 수를 써넣으세요.

3×6
↓
$3+3+3+3+3+3$
$=(3\times5)+3$
$=15+3$
$=18$

5×6
↓
$5+5+5+5+5+5$
$=(5\times5)+5$
$=25+5$
$=30$

6×6
↓
$6+6+6+6+6+6$
$=(6\times5)+6$
$=30+6$
$=36$

8×6
↓
$8+8+8+8+8+8$
$=(8\times5)+8$
$=40+8$
$=48$

□ 안에 알맞은 수를 써넣으세요.

$4\times6=(4\times5)+4$
$=20+4$
$=24$

$2\times6=(2\times5)+2$
$=10+2$
$=12$

$7\times6=(7\times5)+7$
$=35+7$
$=42$

$5\times6=(5\times5)+5$
$=25+5$
$=30$

$3\times6=(3\times5)+3$
$=15+3$
$=18$

$9\times6=(9\times5)+9$
$=45+9$
$=54$

80 소마셈 – B5

Drill – 보충학습 81

4주차 drill

□ 안에 알맞은 수를 써넣으세요.

3×7
↓
$3+3+3+3+3+3+3$
$=(3\times5)+(3\times2)$
$=15+6$
$=21$

4×7
↓
$4+4+4+4+4+4+4$
$=(4\times5)+(4\times2)$
$=20+8$
$=28$

6×7
↓
$6+6+6+6+6+6+6$
$=(6\times5)+(6\times2)$
$=30+12$
$=42$

7×7
↓
$7+7+7+7+7+7+7$
$=(7\times5)+(7\times2)$
$=35+14$
$=49$

□ 안에 알맞은 수를 써넣으세요.

4×8
↓
$4+4+4+4+4+4+4+4$
$=(4\times5)+(4\times2)+4$
$-20+8+4$
$=32$

5×8
↓
$5+5+5+5+5+5+5+5$
$=(5\times5)+(5\times2)+5$
$=25+10+5$
$=40$

3×8
↓
$3+3+3+3+3+3+3+3$
$=(3\times5)+(3\times2)+3$
$=15+6+3$
$=24$

8×8
↓
$8+8+8+8+8+8+8+8$
$=(8\times5)+(8\times2)+8$
$=40+16+8$
$=64$

82 소마셈 – B5

Drill – 보충학습 83

Note

Note